耶穌的生命智慧

Parábolas de Jesús para todo el mundo

作者／穆宏志 博士
插圖繪者／徐翠婷

謹將這本書獻給我九十一歲的母親 Teresa Nieto，
雖然她的眼睛已經看不見了。
她在我拿到神學（聖經組）博士的那天，
仍在跟我說耶穌的比喻。

A mi madre Teresa aunque no pueda leer este libro.
Ella me contó parábolas de pequeño,
e intentó contarme con detalle,
y por teléfono a larguísima distancia,
la parábola de los invitados al banquete...
cuando yo acababa de recibir el doctorado
en Teología (sección bíblica)

《古代版作者》

耶 穌 履 歷

耶穌

別　　名：默西亞（彌賽亞）、基督
父　　親：天上的天父和地上的養父若瑟（約瑟）
母　　親：瑪利亞（馬利亞）
出生日期：公元 0001 年
出 生 地：白冷城的馬槽（伯利恆）
居 住 地：納匝肋（拿撒勒）

耶穌自小聰穎，顯得與眾不同。十二歲和父母還有一群族人到耶路撒冷過節，便獨自脫隊，在聖殿裡聽經師講道，還敢提出問題。青年時也曾獨自待在荒野中度過四十天，三次擊退魔鬼的誘惑。而到了三十歲左右，開始四處遊走、宣講道理、行使奇蹟。最後被釘十字架上受難而亡，過了三日又復活。耶穌是個說故事的高手，常藉著故事四兩撥千斤化解各方質疑，而終其他在世上短短三十幾年的生命，都是不斷要人去「愛」。

《現代版作者》

神 父 履 歷

穆宏志博士 Jesús M. Muñoz, Ph.D.

別　　名：檯面上「穆神父」、檯面下「老穆」
父　　親：Heliodoro Muñoz
母　　親：Teresa Nieto
出生日期：公元 1943 年 12 月 26 日（只比聖誕節晚一天）
出 生 地：西班牙 CASA DE SAN GALINDO（GUADALAJARA 省）
居 住 地：台北

現在是「老」穆，但也有過小時候。曾是聖經神童，名字也叫耶穌，小小年紀便會記誦聖經內容、琅琅上口。少年時期進入耶穌會，一九六八年，年方二十四歲時便以年輕修士的身份踏上寶島台灣，一直到今日，中間只有離開台灣兩年到羅馬唸書。除了研究聖經外，還有許多特殊專長，包括講故事、說笑話、表演，常常告訴人要用「更」的精神過生活，近來也不斷向人推薦「反求諸己」這個知易行難的成語。

引用聖經簡字表

舊約

天主教		基督教	
創世紀	創	創世記	創
出谷紀	出	出埃及記	出
肋未紀	肋	利未記	利
戶籍記	戶	民數記	民
申命紀	申	申命記	申
若蘇厄書	蘇	約書亞記	書
民長紀	民	士師記	士
盧德傳	盧	路得記	得
撒慕爾紀上	撒上	撒母耳記上	撒上
撒慕爾紀下	撒下	撒母耳記下	撒下
列王紀上	列上	列王紀上	王上
列王紀下	列下	列王紀下	王下
編年紀上	編上	歷代志上	代上
編年紀下	編下	歷代志下	代下
厄斯德拉上	厄上	以斯拉記	拉
厄斯德拉下（乃赫米雅）	厄下	尼希米記	尼
多俾亞傳	多		
友弟德傳	友		
艾斯德爾傳	艾	以斯帖記	斯
瑪加伯上	加上		
瑪加伯下	加下		
約伯傳	約	約伯記	伯
聖詠集	詠	詩篇	詩
箴言	箴	箴言	箴
訓道篇	訓	傳道書	傳
雅歌	歌	雅歌	歌
智慧篇	智		
德訓篇	德		
依撒意亞	依	以賽亞書	賽
耶肋米亞	耶	耶利米書	耶
耶肋米亞哀歌	哀	耶利米哀歌	哀
巴路克	巴		
厄則克耳	則	以西結書	結
達尼爾	達	但以理書	但
歐瑟亞	歐	何西阿書	何

岳厄爾	岳	約珥書	珥
亞毛斯	亞	阿摩司書	摩
亞北底亞	北	俄巴底亞書	俄
約納	納	約拿書	拿
米該亞	米	彌迦書	彌
納鴻	鴻	那鴻書	鴻
哈巴谷	哈	哈巴谷書	哈
索福尼亞	索	西番雅書	番
哈蓋	蓋	哈該書	該
匝加利亞	匝	撒迦利亞書	亞
瑪拉基亞	拉	瑪拉基書	瑪

新約

天主教		基督教	
瑪竇福音	瑪	馬太福音	太
馬爾谷福音	谷	馬可福音	可
路加福音	路	路加福音	路
若望福音	若	約翰福音	約
宗徒大事錄	宗	使徒行傳	徒
羅馬書	羅	羅馬書	羅
格林多前書	格前	哥林多前書	林前
格林多後書	格後	哥林多後書	林後
迦拉達書	迦	加拉太書	加
厄弗所書	弗	以弗所書	弗
斐理伯書	斐	腓立比書	腓
哥羅森書	哥	歌羅西書	西
得撒洛尼前書	得前	帖撒羅尼迦前書	帖前
得撒洛尼後書	得後	帖撒羅尼迦後書	帖後
弟茂德前書	弟前	提摩太前書	提前
弟茂德後書	弟後	提摩太後書	提後
弟鐸書	鐸	提多書	多
費肋孟書	費	腓利門書	門
希伯來書	希	希伯來書	來
雅各伯書	雅	雅各書	雅
伯多祿前書	伯前	彼得前書	彼前
伯多祿後書	伯後	彼得後書	彼後
若望一書	若一	約翰一書	約壹
若望二書	若二	約翰二書	約貳
若望三書	若三	約翰三書	約參
猶達書	猶	猶大書	猶
默示錄	默	啓示錄	啓

目錄

目錄

目錄

目錄

〈出版緣起〉

閱讀不須從信仰開始

何飛鵬

宗教對於一般世俗人有兩個層面，一個是相信，一個是不信。如果你是某個宗教的信徒，那不待多言，如果你不相信，也免不了會在社會使用的語言、生活習慣等等碰觸到和宗教相關的事物。

目前，在中國社會中的宗教，除淵源已久的佛教、道教之外，也有西方宗教如天主教、基督教傳入。然而，中國社會對基督宗教雖也有幾百年的接觸，但相較之下，歷史還是很短，一般人對於西方宗教的了解，相對來說沒有那麼深刻。

可是，在進入二十一世紀，英語幾乎變成唯一的國際共同語言。在頻繁使用英語的情況下，無時無刻不是在接觸英語世界所蘊含的西方文化質素，包括相關的典故、信仰、邏輯和精神，便成爲現代人經常碰到的事物。因此，如何對基督宗教有更完整、正確的理解，似乎是現代中國人不可或缺的訓練。

不只是如此，如果我們有機會深入了解基督宗教，其中也蘊含了發人深省、心靈勵志的內容，基督宗教蘊含相當豐富的這些質素，對現代人有所助益，也有需要多加理解。

作爲一個出版人，我們發覺，現今已出版的基督宗教出版品，大多出自以傳教爲使命的出版社，共同特色是閱讀時必須先具備信仰的基礎。因此，這類的出版品在一般人讀來，是有一定程度的隔閡。

我們發願出版一系列書籍，目標是把基督宗教當作人類文化的一部份，視爲現代人必須了解的知識，閱讀不須建立在信仰宗教爲前提。我們期待能帶領讀者，進入基督宗教的深層底蘊，了解西方文化底層的架構。如果因此有人得到救贖、加入基督宗教的世界，我們也不反對。但更重要的是，這系列書籍出版的目的，是期待加深大眾對基督宗教文化的理解，也能對讀者的工作、生活等層面產生正向的幫助，這是我們所期待的。

了解耶穌的世界，從啓示開始。

（本文作者為啓示出版發行人）

推薦序一

比喻的生命力

台灣大學哲學系教授 傅佩榮

一個人智慧的高低，可以從他創造及使用「比喻」的能力，看出端倪。偉大的宗教家與教育家，無一不是擅長運用比喻的高手。我們熟知並且佩服的四大聖哲，如釋迦牟尼、孔子、蘇格拉底與耶穌，正是最佳的例證。

既然稱為「聖哲」，口中說出的比喻自然能夠撼動人心，使人奮發上進。因緣巧合，我的父母是虔誠的天主教徒，所以我從幼年時代耳熟能詳的是耶穌的比喻。先入為主，往往不易客觀；不過，我依然可以輕易找到理由，向眾人推薦耶穌的比喻。

首先，從「知識」的角度看來，當前的基督徒有二十億人，亦即三分之一的世人都很熟悉耶穌的生平事蹟與基本教義，那麼我們不妨也稍微了解一些。

何況，如果想要介入世界的主流思潮，也無法忽略作為西方文化基礎之一的基督信仰。因此，單純為了求知的緣故，也應該試圖了解耶穌的比喻。

其次，從「情感」的需求看來，現代人在媒體的龐大壓力與廣告的全面籠罩之下，很容易感受自身的渺小、無助、委屈與無奈，以致早就不知幸福為何物了。耶穌的比喻總是強調信心與希望，讓每一個人發現自己是獨一無二的、不可替代的，不但不可自暴自棄，反而要自重自愛，認定自己即使是迷失的羊，也有重回主人懷抱的日子。

然後，從「意志」的抉擇看來，要問的是：人生應該何去何從？長期以來，我們找不到值得獻身的理想，或者即使有一些理想（如環保與救貧），也似乎沒有成功的機率。與其改善世界，不如先改善自己。那麼，自己身上有哪一部分的改善，可以作為努力的目標呢？答案應該在「身、心、靈」這三者之一；說得更準確一些，答案正是「靈」的修行與提升。閱讀耶穌的比喻，不難把握此一關鍵答案，然後人生方向也將豁然開朗。

最初看到這本書暫定的書名《耶穌的比喻》，我直覺地以為重點是人生勵志或格言解析。譬如眾所周知的「浪子回頭」、「莊稼多而工人少」（胡適先生年輕時，曾為此語而痛哭中國的處境）等；以及「一天的苦夠一天受了」，「太陽下山前，平息心中的憤怒」，「要寬恕別人七十個七次」等（這些是我經常想到的念頭）。

事實上，真要明白耶穌的比喻，並不是那麼容易的。時代的差異與空間的區隔，加以自然環境與人文傳統的不同，我們顯然需要一位專家的引導。專家的任務之一是提醒我們：耶穌的比喻有些什麼背景與視野，比喻與比喻之間如何連貫為一幅完整的拼圖，又能帶給我們什麼深刻的訊息。我們由之獲得的啓發，絕不只是如何善度此世的生命，好像學會一套成功哲學，可以在世間通行無阻。我們學到的，毋寧說是一套新的價值觀，或者說是顛覆了世俗看法的價值觀。

新價值觀洞悉人性的最深渴望，亦即渴望無限的愛。而這樣的需求只有妥當安排身心的活動，使其嚮往靈修的境界，才有可能獲得滿足。因此，聆聽耶穌的一兩個比喻，難免還會有些疑慮；但是念過十個、二十個比喻之後，就可

能有全盤覺悟，進而通體透明的感受。領悟了這樣的智慧之後，是否能夠孕生信仰的熱忱，則看個人的因緣與造化了。

《耶穌的生命智慧》出於研究聖經的專家之手，但是卻沒有專業的術語及晦澀。作者穆宏志神父累積多年的講道經驗，對每一個比喻的場景、用意、關鍵與重點，娓娓道來十分生動，並且全書以八個主題分章合奏，展現了耶穌立教的偉大理想。依我淺見，只要耐心念完第一篇「一切從撒種開始」，大致認識耶穌的時代及處境之後，將會產生親切可喜之感，一路念下去則將在順遂暢達的道理之外，體驗心靈提升的不可思議快樂。比喻的生命力在此完全展現出來了。

推薦序二

比喻的面貌

輔仁大學神學院聖經學教授 房志榮

穆宏志神父過去的三部著作都曾請過我寫序：一九九八的《宗徒書信主題介紹》，一九九九的《若望著作導讀》（上下二冊），最後是二〇〇三的《對觀福音導論～附宗徒大事錄》。這次他要出一本書介紹耶穌講過的比喻，也請我寫篇短序，我當然樂意為之，因為這像前幾次體驗過的一樣，是一個很好的學習機會。不過這次先得聲明一句：我只讀了西班牙文原稿，沒有見過中文版，下面的簡介和評語全是按照西班牙文打字稿而寫出的。

主耶穌用比喻講道是他宣講的一大特徵，因此討論耶穌比喻的書也就非常得多，各有春秋、各具特色。穆神父的新書又有什麼特色呢？第一個特色是從他字裡行間的敘述，可發現他把耶穌的比喻分成四大類，而且出現的次數不同，由此可略窺各類比喻的多少或其重要性。我將這四類比喻和其分支綜合介紹如下：

一、環繞著種子的種種：1.撒種者的比喻 2.種子自長的比喻 3.禍哉！扭曲事態的人（指在好種子中撒莠子的人）4.芥子的比喻。

二、從一場宴會到另一場宴會：1.法利賽人請客：酒席的比喻、比喻中的酒席 2.酒席中的儀態 3.準備辦宴席的一些勸告 4.赴盛宴的提醒 5.還有那些不赴宴的人。

三、人就是如此：有模範人物：1.為父的 2.買珍珠的商人 3.僕人就是僕人（我們都是無用的僕人）。

也有敷衍了事的人：1.交情剛剛好的朋友 2.女人和麵糰 3.漁夫不是什麼魚都要；4.有時驢和牛也口渴或掉到井裡 5.牧羊人尋找自己的羊以及婦人找丟了的錢幣。

另有種不值得推薦的人（「不值得推薦的人」是西班牙人慣有的說法）：1.糊塗的富人 2.發現寶貝的人 3.不義的法官 4.不忠的管家 5.殺人的葡萄園戶。

最後是好壞參雜的人：1.善心的撒瑪黎雅人（及其他的一些善心人）2.明智的童女和愚蠢的童女 3.幾個處理元寶的人 4.法利賽人和稅務員 5.大吃大喝的富翁和拉匝祿 6.兩個兒子。

四、在地上不會發生的事：1.大家所得相同，每人得其所宜 2.對錯各佔一半 3.如此一父親。

上文簡介的比喻分類，妙在它的漸進性：環繞著種子的四個比喻不難瞭解，再來跟宴會有關的五個比喻就較難了解。到了描述「人就是如此」，更是把人生百態描繪得淋漓盡致，可見耶穌識人之廣、之深。最後「在地上不會發生的事」，達到了比喻的高峰：除非知道有個天父，不能懂得這些比喻。反過來，這些比喻能幫助我們進一步認識祂。以上是閱讀本書後體會的第一個特色。

第二特色是作者用自己的生活背景和經驗來懂耶穌講的比喻。例如福音裡常提及的綿羊和山羊，作者根據自己家鄉西班牙中部盆地的牧羊生活，分辨得很清楚。但到了台灣，他對此地一般人山羊、綿羊不分，混為一談，深感奇怪。此類例子還很多。若有些西班牙文化背景，讀起本書來會很有幫助（同屬地中海文化）。

書的第三個特色是，作者在中國文化中浸蘊多年，也用此一古老文化的觀點來講耶穌的比喻。例如，他談到我們每天都能從遇到的人身上學習一些東西時，說了「古人有言……。」（請見二〇五頁）中文如能指出那個古人就是孔老夫子，所引的那句話就是《論語》中的「三人行，必有我師焉。」就更有眉有眼了。不過，本書不是講中國文化，而是講耶穌的比喻。善用本書，可以增加對福音許多比喻的瞭解和體驗，至於如何用本地的生活背景和文化講給本地人聽，則是本地讀者應作的下一步功夫。

推薦序三

從生活中體驗比喻

天主教耕莘醫院院長 陸幼琴

本書《耶穌的生命智慧》作者為耶穌會西班牙籍穆宏志神父，他藉由自己的生活及牧靈經驗，生動地寫這本書。作者從瑪竇、馬爾谷、路加這三部福音中，選出耶穌在不同場合說的「比喻」，並根據當時的背景連結現代人的想法，做一些精闢的分析與詮釋。

作者提到，比喻最重要的是建立在經驗上，而不是建立在邏輯的爭論上，也不是因著講話者的權威。比喻應該是一個「對話」，是為了幫助人不要直接採用辯論方式來說明立場。進而能從這個經驗的立場來給予判斷，經由這些經驗，再應用到生活中。

說故事是最能吸引人、影響人的方法，本書從「撒種的比喻」談到超越法

律、愛與寬恕，從關於工資分配的比喻談到正義的真正意涵……等。

作者擺脫了傳統的思考方式，帶領我們從不同的角度去看耶穌的比喻，並且提出一些與實際生活相關的經驗，幫助我們瞭解每個比喻要表達的意思，並且讓我們從不同的角度去反省，為能在日常生活中去體驗天主的蹤影，讓讀者有不同的思考方向，跟著書的內容一步一步進入「比喻」的世界裡，挑戰自己既有的經驗和想法，更能欣賞比喻，接近耶穌。

此書對個人的靈修有很大的幫助，並且能提供神父或修女們，在講道理時很好的參考。所以，我願意藉此機會向大家推薦這本好書，相信大家仔細的閱讀後，定能獲得很大的助益。

作者序

一本吸引我但難寫的書

穆宏志

假如你問我，曾否想過要寫這本書，這我很難回答，是、不是似乎都不對。我很早就有個念頭，有朝一日要寫一本關於耶穌比喻的書，只是還沒決定是哪種類型的書。我很清楚，自己不會寫一本學術性的書，因為論比喻的學術書籍已經很多了，在我辦公室的書架上就有好幾本。我想寫的，比較傾向給一般人介紹比喻，只是該介紹到什麼地步？到什麼程度呢？我該放多少學術性的東西在裡面？這是我的疑惑。

正好啓示出版邀請我寫這本書，他們的意思是說，應該把學問和學術、還有衡量學術的標準都先放到櫃子裡。我滿接受這樣的一個邀請，但同時也不太敢保證書能不能寫得完。一方面我感覺有東西可說，但另一方面，我不知道要說的是不是足夠寫成一本書，而且不會常常重覆。因此我決定先做一個實驗，我從比較熟悉的比喻開始著手，甚至重寫一些的故事，把它當作一種像戲劇可以表演出來的對話方式。這我在過去嘗試過，公開的唸這些對話時，很受歡迎，反應很好。

這本書的目的不是解釋比喻，比喻就是一些小故事，而小故事只需說出但無需解釋。我們聽到一個故事之後，會感到高興、難過，或是喜不喜歡，但不會說：「請你跟我解釋這個故事，」好似數學證明題，需要某種肯定。另外，也不需要死背，只要記得故事當中的重要因素，細節可以一面講、一面再添上，這就是講故事的藝術。

就是因為這個的緣故，我才說從較熟悉的比喻開始書寫。有些比喻，我在課堂上或是講《聖經》時提過，幾乎是邊說邊表演，效果似乎滿好的，這給了我相當大的鼓勵，因此我開始上電腦寫。

我的期待是把耶穌講的比喻傳給一般人，因此為了讓讀者能進入比喻當中的世界，有時我會加上一種背景的描寫，雖然故事的本身不必解釋，但需要把它們放在某一種環境當中，才更容易懂，這本書裡的許多材料，為的就是這個。如此一來，敘述會變得栩栩如生。若是我們暗自覺得，故事中的角色是針對某個人說的，好像話中有話，而這樣比較能進入故事的話，那麼也要小心，結果不盡然是我們本來所想的。有時倒過來，努力讓比喻接近我們，我們總是不能坐在舒服的椅子上看別人怎麼辯論，或是看別人出錯，應該上台親自參與這個比喻的過程，因此我重寫一些比喻的故事，講一些類似的故事，但比較接近我們目前的環境。

但是你不用怕，我不會把很多的學問放在你的肩膀上，那些論比喻的學術書本還在我的書架上，又添了一層薄薄的灰塵。你不會在這本書找到應用的話，不會找到一堆頁末或是章末的註解，也不會找到統計表，或是列出某個段落裡有多少同樣的字彙出現。

當然這本書不是一本創造的書，比喻已經在書上幾乎兩千年了，也有各式各樣的書，紙草的書、羊皮的書、紙書、手抄本、印刷的書等等，大部分都是翻譯而來的。現在你手上的這本書，雖不是創造的書卻是重造的書，希望能讓你更接近比喻、更能欣賞比喻。

過往的經驗

最初推動我寫這樣一本書的理由是，我自己的一點點生活經驗。我跟大部分的讀者一樣，是一個城市人，但我是在一個鄉下小村莊出生的，而我的護照上面也永遠這樣註明，我覺得很榮幸。那是在西班牙中部高地的一個小小村莊，我幾乎可以說是偶然在那邊出生，並不是我母親經過那裡，然後說，看這個地方很好，就把我生下來，並不到這種地步。事實上，在我還不滿四個月大時，她就把我帶到城市裡面，而且一直在城市裡待到十歲。十歲之後的十三年裡，我住過四個不同的地方，等到我第一次真正「踏」上我出生的村莊時，已經是二十四歲了，……那也是我踏上寶島台灣的幾個星期之前。

雖說我是個都市人，但還是有些鄉下生活的體驗。我在另一個山中的小村莊度過暑假，那裡跟我出生的地方一樣小。因此，耶穌的比喻當中，描述有著羊和驢子、種子和撒種的環境，我曾親身經歷過。還有一些雖未親自參與卻著實看見的事，例如麥子收割，還有葡萄園、葡萄樹和葡萄酒。也就是說，比起現在我們身處的世界，當時我度暑假的環境、一個受地中海氣候影響的地方，是更接近耶穌的老家納匝肋的實景，也就是以色列和巴勒斯坦附近地區，在第一世紀的農業狀況。

那些環境與我們現在相當不同，一個家庭靠一塊小小的土地就只能活下去的情形，已經消失了，所以我想我可以為比喻裡提到的過往農業環境作證，因為這是我曾有的生活經驗，而不是從一本很有學問的書裡註解，拿出來的一些知識。

怎麼寫的

你已經發現我的秘密了，我沒有「寫」你手上的這本書。對，如果這麼做我會花掉太多的時間，而且寫也寫不完。我事實上先寫了另一本書，是用另一種語言，按我自然的表達方式寫出，然後再用「說」的「說」出現在這本書出來，用中文說的，說我能說的。當然這需要有人幫我整理，我們剛開始合作時遇到困難，但慢慢地隨著工作發展，愈來愈有默契，我在書裡也暗示到這樣的一個過程。

在我把句子從西班牙文變成中文的過程中，我走了第一步，其他的步驟就是翻譯整理和編輯。黃富巧小姐負責翻譯整理，她花了很多個鐘頭，把耳機放在耳朵裡面，想辦法聽懂我說過的話，慢慢地再把這些話轉到電腦裡，這真是需要很大的耐心。這有一個好處，她聽過我的聲音、語氣、強調，整理後來跟我談、唸給我聽，看看是否跟我說的有出入。我們按需要修改、澄清，然後存檔案，再傳到出版社。編輯的工作，我沒有那麼近距離的觀察，所以無法描寫，只能跟你說，從富巧和我的電腦到出版社、從我幾乎無法連起來的中文句子到你現在手中的書，這中間是條很長的路，因此我非常感謝他們兩個人。

最後，我必須要感謝西班牙 Evangelio y Mision 組織慷慨支付這本書翻譯整理的費用。

作者導讀

誰愛的多　比喻的挑戰

有天耶穌到一個叫西滿的法利塞人家中作客，席間來了一個不速之客。「法利塞人」是指一群嚴守律法的猶太人，它的原意正是非常潔淨、與他人分開的意思。這群在當時社會地位頗高的人士，自恃也甚高，他們萬萬沒想到聚會的場合會闖入一個與他們身份懸殊的罪婦，而且她一走進來，一聲不吭便立刻用眼淚和頭髮爲耶穌洗腳、抹乾，接著還親吻耶穌的腳，並抹上香液。

作東請客的西滿開始起疑竇，原本他請耶穌就是不懷好意，表面恭敬，骨子裡卻想要刺探耶穌的底細。這下子，不正好讓他抓到耶穌的把柄？

耶穌深知西滿的心裡在打量些什麼，便說了一個故事：

「西滿，我有一件事要向你說。」西滿說：「師傅，請說罷！」「一個債主有兩個債户：一個欠五百德納，一個欠五十。因為他們都無力償還，債主就開恩，赦免了他們二人。那麼，他們中誰更愛他呢？」西滿答說：「我想是那多得恩赦的。」耶穌對他說：「你判斷的正對。」遂轉身向著那婦人，對西滿說：「你看見這個婦人嗎？我進了你的家，你沒有給我水洗腳，她卻用眼淚滴濕了我的腳，並用頭髮擦乾。你沒有給我行口親禮，但她自從我進來，就不斷地口親我的腳。你沒有用油抹我的頭，她卻用香液抹了我的腳。故此，我告訴你：她的那許多罪得了赦免，因為她愛的多；但那少得赦免的，是愛的少。」耶穌遂對婦人說：「你的罪得了赦免。」同席的人心中想道：「這人是誰？他竟然赦免罪過！」耶穌對婦人說：「你的信德救了你，平安回去罷！」

（路加福音7：40～50）❶

自以爲潔淨的人當中闖入了一個不潔淨的人，甚至還比潔淨的人愛更多！原本自信滿滿的西滿和他那群法利塞朋友，以爲挖到頭條新聞了，但耶穌不過說了一個故事，便立刻讓他們碰一鼻子灰。法利塞人在當時或許一副悻悻然的樣子吧。

❶本書《聖經》經文採用思高聖經學會中文譯本。人名及地名附括號內為中文《聖經》和合本對同一名詞的譯名。

耶穌是納匝肋這個地方的人，他在公元後廿七年左右，開始四處遊走宣講。他宣講的時候，常喜歡講故事，這些故事也是種文學類型，我們把它稱為「比喻」。耶穌善於在故事裡製造一點懸疑、緊張，有時甚至變點魔術、吊足胃口，挑戰一下聽眾既有的經驗和想法。即使有人質疑、挑釁，他也可信手捻來一段故事，反將一軍。

故事是對話的開始

要懂比喻、要讓比喻發揮作用，最重要的就是聽眾或是讀者有這樣的經驗，進而從這個經驗出發、給予判斷。

例如，有個撒種的比喻，裡面提到「撒種的人等待收穫」便是當時的人再熟悉不過，也天天、年年從事的工作。而耶穌就從這樣的農牧環境中就地取材，拿到比喻的材料「比方」，而幾個比方加在一起，就可構成一則比喻。

比喻是建立在經驗之上，而不是建立在邏輯的爭論上，也不是因著講話者的權威；比喻本身應該是一個「對話」而不是「辯論」。

當故事出現時，大家就會朝向故事看，而忘了原本先入為主的成見。比喻應

該是一個對話，是爲了幫助人不要直接採用辯論的方式來說明立場。因爲，在辯論之際，雙方的思想僵化、情緒高漲，只能讓人看到某一方面，而兩者之間也變得難以靠近。如此，「話」變成沒有用了，沒有人懂得「話」，也就是沒有對話中一來一往、彼此交流，因此失去了對話的意義，有的只是對立的狀況而已。

耶穌不是凸顯他和聽眾的對立，反而是將彼此不同的立場，巧妙地融入比喻的故事裡，繞一圈讓聽到的人，不知不覺了解且肯定，原來另一個立場是比較好的，比他們原來所想的還要好，因爲故事當中出現一些他們從沒想過的理由。

「繞一圈」非常重要，爲的是要把原來的對話內容帶到另一層領域之中，在這個領域時，還沒有情緒，可以直接運用自己原有的經驗，也沒有成見會來掩蓋這樣子的經驗。也因此，在講比喻時很重要的是，不要讓人從一開始就知道比喻的目的，若是太早讓人知道比喻的目的，就會使對方開始產生情緒，也會否定它，如此對話也就斷掉。所以，太早知道比喻的作用的話，它的效果就消失了。

當時在耶穌的身邊，有些門徒陪伴著他，特別是一個約莫十二個人、比較穩定的小團體。他在整個加里肋亞地區（請見三九頁）來回，宣講一個新的道理，同時藉由在當時非常引人注目的特殊行動，賦予這個道理新生命。但另一方面，耶穌的一舉一動引起了猶太當局的關注，他們想盡辦法要除掉他。最後，猶太當局藉由當時最高統治者羅馬政府的權柄、採用羅馬人執行死刑的方法，將耶穌處死：釘在十字架上。十字架通常是羅馬人對付叛逆、暴亂等罪犯的死刑工具。但不久以後，跟隨耶穌的人開始宣講他復活了，因此，證明他是猶太民族長久以來所等待的默西亞（彌賽亞）。

這些長久跟隨耶穌的人，時常在地中海岸附近聚會，還寫了一些與信仰耶穌有關的文件，再把這些文件編寫加入猶太人早有的聖書之中，便成爲現今基督徒所說的《聖經》。因此，在整部《聖經》當中，有一部份是基督徒和猶太人所共同信仰的文件，而兩者的差別就在於「納匝肋人耶穌」。因爲基督徒承認耶穌爲「基督」，也就是天主所許諾給猶太人的「默西亞」，「基督徒」這個名稱就是來自跟隨基督的人。然而，猶太人不承認耶穌爲默西亞，就因如此，基督徒的《聖經》較猶太人的《聖經》厚了一些，也就是增添了與耶穌有關的文件。

基督徒稱這些匯集增添文件的部分爲「新約」，因爲其中是談論著上主與人所建立的新盟約。也可以這麼說：藉著耶穌、天主的拯救而重新建立的盟約，現今不只爲猶太人了，更是擴大到所有的人類。這也是當今《聖經》有舊約和新約兩大部分的由來。

在新約當中，有四部書特別是在講耶穌的生活與死亡，稱做「福音」，而這四部福音之中，瑪竇（馬太）、馬爾谷（馬可）、路加這三部福音，是排列在新約的最前頭，它們有著類似的內容和次序，因此，可以把它們雷同的福音章節抽出來，做一個對比，所以又可將這三個福音稱爲「對觀福音」。

就是在這些福音當中，爲了更清楚地說明耶穌的道理，或者解釋他的行動，而用了一些短短的故事，也就是「比喻」做舉例。

在耶穌的時代，比喻是相當特殊的一種文學類型，大概可以這麼說，比起同時代的人，耶穌較常運用比喻作爲自己的言論。事實上，我們提到的「比喻」，意義是相當廣泛的，但或許稱這些故事做「寓言」更爲貼切，因「寓言」是指，提出了一個故事，而這故事和眞實的生活是多少相關的。

不過，要了解比喻（寓言）並不簡單。首先，《聖經》不是一本容易進入的書，它記載、書寫的生活環境和文化背景與我們相差甚遠。除此之外，還有距離的年代也已久遠，例如，讓我們想想，對兩千兩百年前的漢朝有怎麼樣的印象？除了幾個儀式、某些思想以及幾十個成語之外，其他的多半不太明瞭，更不用說

對《聖經》的背景有多陌生了。

那麼，故事發生的地點呢？即使今日視訊設備發達，我們也不見得比較熟悉。關於以色列、迦薩走廊附近地區，我們或許知道一些言論、聽到一些消息，但可惜的是，大多是在報導當天恐怖份子殺了多少人、做了什麼事。其實，就連同一地區的另一個國家黎巴嫩，我們也不見得會知道什麼每日新聞。這之外，現在所有的《聖經》翻譯版本，無論多好，都已加上或是減少些什麼了。

除了這些進入《聖經》的先天障礙，要了解《聖經》裡的比喻（寓言）更是難上加難。因爲比喻當中的故事，都是直接引用自當時的環境，一個鄉村、農牧業的社會和經濟狀況。這離我們的生活經驗非常遙遠，農人、牧人、漁夫，他們的困難、憂愁，他們都做些什麼事？他們有什麼樣的價值觀？還有他們如何面對問題？即使發揮一些想像力，或許可拉近些距離，但還是難以一讀就明白。

另一個問題是，我們要如何面對這些故事呢？這些故事的意義，早已變得模糊不清，這使得後世的人常想從中尋找一個「教訓」，而忽略了比喻本身所要帶給人的「邀請」。所以我得強調，比喻是針對「行動」，人的行動。假如我們讀完了一個比喻故事，然後問自己這個比喻教導我們什麼，那麼我們很可能一無所知，於是會想：比喻眞難懂。但若換個角度問，這個比喻故事要告訴我們什麼行動，或是邀請我們做什麼，如此就很可能找到一個答覆，朝比較正確的方向出發。

不過，還有一種情況是，比喻並沒有提供故事背後的眞實場景，只交代籠統的訊息，因此我們並不了解，耶穌究竟要透過比喻告訴我們什麼行動？到底是在哪種環境、狀況下講出的例子？即使福音的作者會按自己的編排，替比喻添上前後文，但幫助並不大，我們還是沒有太多的資訊去懂比喻提出的邀請。爲了進入當時可能有的背景、文化，我們只好自行想辦法發揮想像力，這是阻隔我們進入比喻的另一道牆。

故事的背景

走入耶穌比喻中的世界之前，或許要稍微介紹相關的地理和歷史背景。我們即將要談論到的是，從以前到今日，一個始終衝突不斷的地區。在歷史上，這個地區曾有過許多不同的名字，最普遍而且沿用至今的稱呼是「以色列」和「巴勒斯坦」。這兩個名字，並非分指兩個不同的區域，事實上它們是同一個地方，在不同的時間點上所有的名字。

耶穌時代的巴勒斯坦

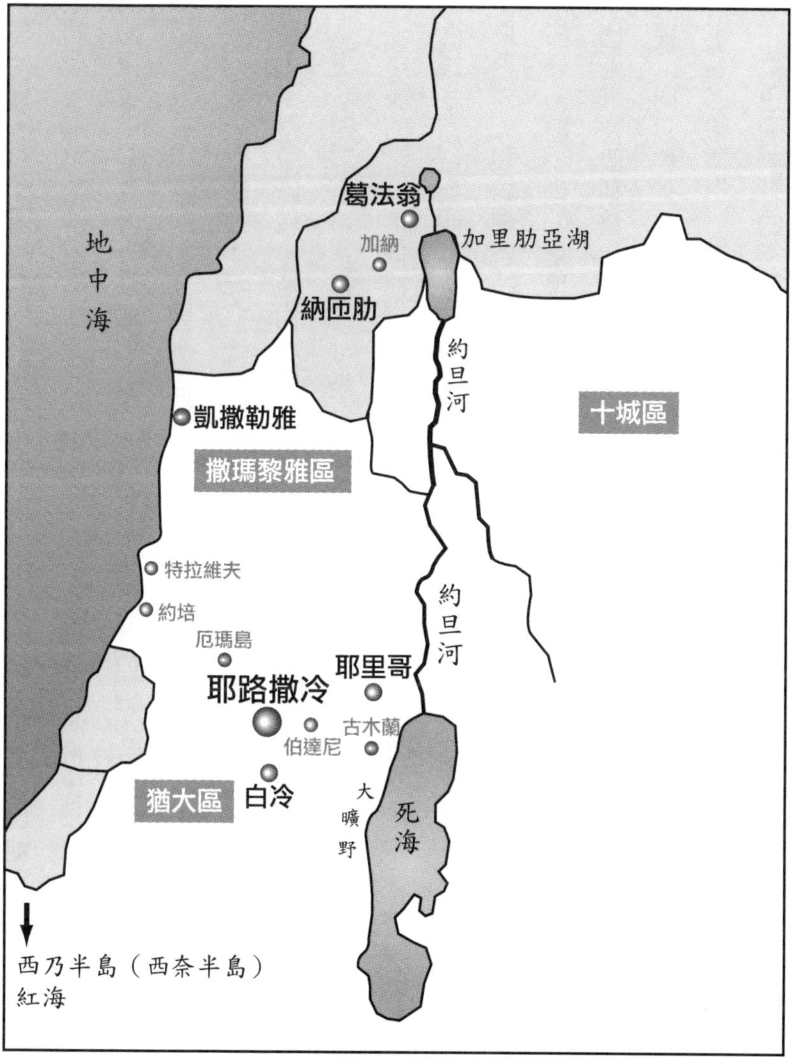
葛法翁
加里肋亞湖
加納
地中海
納匝肋
約旦河
十城區
凱撒勒雅
撒瑪黎雅區
特拉維夫
約培
厄瑪烏
耶里哥
耶路撒冷
古木蘭
伯達尼
白冷
猶大區
大曠野
死海
西乃半島（西奈半島）
紅海

萬一有人要從地圖上（請見三九頁），尋找它的話，那麼這塊地方，是位於現今敘利亞、阿拉伯沙漠的西邊，和地中海的東岸之間，說得更精確的話，是從地中海的東邊到約旦河，經過死海，一直到阿卡巴海灣的那片土地。北界是約旦河的源頭赫爾孟山，而南界則是在西乃（西奈）半島的曠野。

公元前一千兩百年左右，有一些支派、部落的人民，從東邊而來，經過約旦河，進入了這個區域，他們承認自己是以色列的子孫，於是稱這塊土地爲「以色列」。當今的國家「以色列」就是沿用這個名字作爲國號。

差不多的時間，從西邊也就是從地中海的那頭，也來了另一群人，他們被稱爲「海民」，如果按照他們自己的語言（或是埃及語）來稱則是「培勒舍特人」。

以色列人和培勒舍特人狹路相逢，經過相當漫長的交戰之後，培勒舍特人佔領了部分土地，也就是現今稱爲「迦薩走廊」的範圍。而到了羅馬帝國的時代，這整個區域便改稱爲「巴勒斯坦」。不過，現今的「巴勒斯坦」，則是由另一群閃族人民（同以色列人民一樣）所建立的，而不是當初的培勒舍特人，只是他們願意沿用「巴勒斯坦」這個名字。

在以色列所有的支派當中，最重要的一支是猶大，因此，隨著歷史的演進，

「猶太人」一詞，就逐漸成爲以色列的國家，或是整個民族的另一個稱呼。他們使用的語言是「希伯來文」（ʿibri），「ʿibri」這個字在希伯來《聖經》，也就是在舊約《聖經》中使用，特別是出現在描寫以色列人民在埃及受到奴役的那段敘述。到了現在，「ʿibri」這個字多半指以色列人民所使用的語言。

雖然他們原也是居住在肥沃的兩河流域上的閃族人民，也分享了兩河流域的文化與語言。但另一方面，他們也有自己的特點，也就是他們的宗教信仰。古老的以色列人，是信仰唯一神的民族，但當時在他們附近的民族，都是多神信仰。希伯來人信仰的神是一個拯救，並且將他們建立爲民族的神，祂有一個可以書寫但不能發音的名號。所以，早在基督尚未誕生的幾百年前，猶太人總是稱祂的名號爲「上主」，似乎是因爲不敢直接呼號祂的名號，而類似以破音字的發音來稱呼祂。

雖然他們有閃族的血統，可是自從亞力山大帝在公元前三〇〇多年攻掠之後，這塊土地就進到西方的勢力範圍之內。到了公元第一世紀，在羅馬帝國的統治之下，這個民族和地區，被劃歸爲敘利亞省的轄區，成爲了「敘利亞的巴勒斯坦地區」。雖然，按羅馬人的行政原則，會賦予受統治的人民相當的自治權，甚至當地也可由自己的國王管理，但說穿了，他只不過是個羅馬皇帝指派的「代理國王」，也就是說很可能隨時被換掉。

猶太人非常不喜歡這種情形，因爲這違背了他們的宗教信仰，他們只認唯一的神，卻受信奉多種神祇的羅馬人統治。他們於是繼續不斷地等待拯救者，稱這位拯救者爲「默西亞」，也就是「上主的受傅者」。在公元二七年耶穌宣講的前後，猶太人曾有過幾次反抗羅馬當局的行動。最後，在公元六十六到七十年間的暴動，被羅馬帝國的弟鐸將軍領兵鎮壓（當時弟鐸的父親外斯巴仙，得知獲得皇位，從耶路撒冷趕回羅馬登基），結束了這幾十年來的戰役，後果是耶路撒冷城被燒毀，而且從那時起，猶太人四散到各地，離開了祖先所留下來的這塊土地。

我們可以了解，當時的居民多是務農維生，但因爲土地有限，不足以供應一大群猶太民族的溫飽，因此從第一世紀起，便開始有大量的移民潮外流，也就是說，從那時起，所有羅馬帝國下轄的各個大城市裡，已有許多的猶太人居住了。另外，也有不少猶太人，在戰時被俘虜到異地，而在兩河流域附近定居下來。而留在巴勒斯坦這塊土地上的猶太人，爲了生活，則努力想辦法善用田地，但偏偏北部地區比較肥沃的土地，多屬於一些住在耶路撒冷的地主，因此，農民無法直接管理。也有些人是依靠打撈加里肋亞湖的魚類，或是依賴醃漬魚品來過活。

除了以農維生外，在第一世紀左右，有個黑落德王大量興建工程，多少提供許多人工作機會，造成了某種程度上的經濟繁榮。

耶穌說的比喻，就是在這樣的環境背景下誕生。

一切從撒種開始

◆

撒種的人與種子

◆

成為好土地

◆

做個耐心的園丁

◆

別急著拔草

◆

超出預期的收成

撒種的人與種子

耶穌在加里肋亞海（事實上是個湖）周邊宣講，這裡距離耶路撒冷、還有當時羅馬總督所在的凱撒勒雅都相當遙遠，是個遠離政治核心、眞正是天高皇帝遠的邊陲地帶。而那時的猶太人也對統治他們的羅馬帝國心有不滿，一心寄望著祖先承諾的解救者來臨（請見五六頁），因而耶穌的出現和他特殊的行動，正好爲猶太人帶來一絲希望。

原本在加里肋亞很少會發生什麼新鮮事，就像一般偏遠的小鄉鎮一樣，這會兒，出現了一個新來的人，沒有人認識他、不知他從哪裡冒出來，卻開始教訓起群眾來，而且他的教訓是新的、道理是新的，因此十分引人注意。不只如此，他行了一些奇蹟，這使他的教導帶有權力的記號，尤其是針對魔鬼。

耶穌宣講的中心就是：天主爲王，另一方面他也驅魔。他的道理和行動非常

一致，自然地大家都在問：「這是怎麼一回事？這個人是誰啊？怎樣會有這樣的權力和教訓呢？」但同時，大家也都能了解且願意聽他的話、到處跟隨著他。耶穌講話的內容很貼近大家，那是一個為加里肋亞人、被遺棄的加里肋亞人而說的道理、一個充滿了樂觀的訊息，天主的國——天主為王的時候已經到了、人們等待的許諾終於到了，而，……可能是眞的，因為，他做了很多特別的記號。

耶穌走到哪，人群就聚到哪，興奮開始在人群間流動，或說某一種運動隱隱在發酵。至少，當時人們是這麼體會的。

只是，……時間過了，卻好像沒什麼了不起的作為。有些人便開始不耐煩了，想說：「耶穌只是講講道理，然後周遊四處，這樣是不會帶領我們到什麼地方去的。」「雖然他的道理很好，不過，嗯，……要小心，不久之前，好像是某一個人說：『耶穌說過應該要愛敵人。』他好像是自然而然脫口這樣說了，但是，我們需要再多一點東西。」

雖然，在這之前人人都認為找到了自己的救星、領導者，可是，「就在這幾天以前，我聽耶穌說：『假如有人強迫你跟他走一千步，』就是羅馬人按照他們的法律，強迫人背軍隊的軍備、糧食、武器一千步時，你們想耶穌他說該做什麼呢？是給那個人打兩個耳光嗎？沒有，他說：『應該跟他走兩千步！』」這樣的訊息在老百姓交頭接耳的討論中，散播開來。所以，有些人原本高亢的心情，便愈來愈冷卻了，他們開始想著，……「耶穌講的道理，天主的國很好啊，偶爾來個奇蹟，也讓人比較興奮一點。可是，時間差不多了，應該開始做事吧！」於是，那些喜歡反對政府的人（如同現在巴勒斯坦的人反對以色列一樣），那些革命、反抗軍會說一些古老的口號：少言多行，不用講太多話，應該要多丟石頭來反抗。

加里肋亞危機

但是，耶穌好像就是不懂，爲何這些人認爲該這麼做：在每一個小村莊中，都組一些革命小組、選一些負責的人，並且，要開始計劃什麼時候起義，應該要有一個標記或一個口號，因爲，「要做的是革命，不是嗎？」也需要開始收集武器，或是自己做、或是從羅馬兵那裡偷來、或是向土匪買，「反正，我們應該需要這些東西、應該要有些看得到的準備，讓人們看到我們正在做事，因爲，現在民心已經逐漸冷卻下來了。」

但耶穌還是什麼也不做、也不在意，只是從一個地方到另一個地方，還有些

比較親近的人跟隨著他，他繼續講著道理、治好一些人，有時候還讓人請客。當然，在這種情況下，很多人離開了他，他們心想：「我們原來想的、希望的並不是這樣子的。」現在研究新約《聖經》的人，稱此爲「加里肋亞危機」，許多人離開了耶穌，不再跟隨他。

很可能就是在人們不知道耶穌到底有什麼意思、在他們從希望跌落到失望而產生這個危機時，耶穌講了撒種的比喻：

> 耶穌又在海邊上開始施教，有大夥群眾聚集在他跟前，他衹得上了一隻船，在海上坐著，所有的群眾都在海邊地上。他用比喻教訓他們許多事，在施教時，他向他們說：「你們聽：有個撒種的出去撒種。他撒種的時候，有的落在路旁，飛鳥來把它吃了；有的落在石頭地裡，那裡沒有多少土壤，即刻發了芽，因為所有的土壤不深，太陽一出來，被曬焦了；又因為沒有根，就乾枯了；有的落在荊棘中，荊棘長起來，把它窒息了，就沒有結實；有的落在好地裡，就長大成熟，結了果實，有的結三十倍，有的六十倍，有的一百倍。」他又說：「有耳聽的，聽罷！」
>
> （馬爾谷4：1～9節）

把耶穌當做「撒種者」，這個當今相當普遍的寫照，便是來自這則比喻。然而，這樣的一個比喻到底要說些什麼？

有時最明顯的事情，反而很不容易看見。「撒種子的人出去撒種。」比喻的第一個訊息，在第一句話就已相當清楚。就是這樣，撒種子的人已經出來了，保留種子的時間已經過去了，現在正是撒種的時間，而且是到處撒種。耶穌不正是花好幾個月的時間，在加里肋亞各處宣講天主的國臨近了、到了嗎？這就是撒種。撒種子的人已經出去了，種子也已繼續不斷地掉到地上了。

比喻第二個明顯的訊息就是：種子好。當然沒有人會撒壞的種子。假如撒種子的人已出去撒種，假如種子好，即使失掉了一些，但一定會有收獲、一定會有莊稼，而且是好的莊稼，這就是我們的目的——願意豐富的收割莊稼。不過，不耐煩的人馬上會問：「好，那麼是什麼時候呢？」答案再清楚不過，就是在收割的時候。因此，要放心、忍耐、平靜，時刻一定會到。不過，這些並不是當時加里肋亞人所等待的樣子。而耶穌因爲看過猶太人反抗羅馬人的下場，只是換來一間間燒毀的房子，這些經驗足以告訴他，加里肋亞人想要做的事，沒什麼用。唯一的結果只會是數十個人被釘在十字架上、多些新的年輕手臂來滑動羅馬人的船

槳、有個村莊完全被毀滅了、有好幾百人被送到帝國的各個市場被賣爲奴隸。而耶穌希望的莊稼並不是這樣，假如天主的國來了，應該帶來自由和生命，而不是奴役和死亡。

那麼，面對這很可能發生的後果（的確，有過這樣的例子），該做什麼呢？耶穌用這樣的比喻來挑戰我們該做些什麼？其實簡單地說，就是相信他，相信他的樣子和作風，接受他的話和他工作的樣子。此外，也要相信他的話是會帶來自由，而反對羅馬人並不會帶來自由。我們都知道在三十多年以後，事情是如何結束的呢！果然，人民最喜歡、最鍾愛的聖殿被燒掉了，而他們也離開了自己的土地。

對！耶穌早就知道，這個後果正是因他們當中有很多人不接受耶穌的話。那時候，也有被丟到外面的一些種子，沒有用了，因爲沒有掉到一個被準備好的土地上，可是，不是因爲這個原故，所有的莊稼就都被毀滅，比喻要說的就在這裡。

我這個外國人對台灣的農業，印象還很深刻，有好幾年的時光，從我的房間往外望去，就能看到插秧、種植的過程。那時我的窗外滿是稻田，但曾幾何時已轉爲一座遍佈工廠的城市了，不再有一望無際的稻田，雖然少了很多的蚊子，但再也沒能聽到田蛙的叫聲。不過，這些田園經驗也讓我了解稻子和麥子的不同。

爲什麼撒種者會丟一些種子在路上，而且還知道會失掉這些種子？面對這個問題的回答其實很簡單，也可開玩笑似地說，答案就是：天不是圓的，就是這麼簡單。讓我們一步步來說明，這個比喻的種子是在一個乾燥的地方生長，不同於稻米在水裡生長。稻米並不是用撒落的，而是採用種植的方式，先小心地被種在一小塊的土皮上，然後，等到芽苗冒出來後，再分別將一塊一塊土皮，插植於田中。因此在種稻的過程，農夫是不會把稻米丟到路上的，也沒有理由會這樣做。

然而大麥、小麥、燕麥等等的種子，需要由撒種者拋撒在乾燥的土地上。我們要知道，拋撒的動作，是以一圓弧型（拋物線）的方式撒出種子，但土地是方直的，因此，拋出的種子免不了有些會掉在土地的範圍之外。也因此，在土地有限的情況下，寧可多拋撒一些種子，即使可能會撒到土地之外，也要讓每一寸土地上佈滿種子，而不白白浪費土地，這樣我們便可明瞭爲什麼有些種子會掉落到路上。

那麼種子爲什麼會掉在石頭多的地方呢？也是同樣的理由，農業土地只是剛剛好夠給人維生而已，所以撒種者要想盡辦法物盡其用，因此有些種子被撒落在土地邊緣、石頭較多的地方，這也是沒辦法的事。或許種子因此而無法生長，但我們要問的是：爲什麼種子要在豔陽下生長呢！就是如此才會導致種子枯萎的。

然而荊棘呢？這是另外一個問題，比喻說到有些種子被丟到荊棘中，這可能是撒種者的問題，也許是在撒種前，或是在種子生長的過程中，沒有清除荊棘、雜草等等的阻礙。記得我小時候還曾看過農人清除荊棘、雜草。但是，現在我們不需要計較究竟是誰的過錯了，重要的是，我們要注意到這些荊棘、雜草等等是會窒息、阻止種子生長，也成了莊稼的阻礙。

耶穌說的這些例子，都表達了種子生長的過程，實際上會遇到的困難，但即使有那麼多的困難，還是成功地結出豐富的果實。在福音的原文中，這樣的對比，是以一種奇妙的方法表達出來，每次福音提到有關種子被丟到不好的地方時，這種子都是用單數形表達，似乎是要說明只有一粒種子，沒丟到土裡是個極爲例外、免不了的意外，反而，比喻講到結果實的種子時，是採用複數形來表達一定會有莊稼，而且是豐富的莊稼。

結一百顆子粒

可是會有那麼豐富的麥穗嗎？原本，耶穌講的事完全切合聽眾的生活經驗，但比喻來到麥穗數目時，卻全然超乎聽眾的經驗。一個麥穗若能結出三十顆子粒是一般的收成，但是，能結出六十顆子粒，則是從來沒看見過的事，然而，結出一百顆子粒，則是連在電影裡頭都看不到的，……或許可以在漫畫中見到。所以，直到這一點前，耶穌所講的比喻故事，都是一般人熟知的自然現象，撒種者、道路、天空的飛鳥、土地不多、荊棘、莊稼。除了這些困難外，現實中還包括乾旱、冰雹、害蟲等等的天然災害。因此，在土地上不一定能生產出豐富的莊稼，即使是用了好的土地、好的種子，也不一定會有好的莊稼。

但耶穌知道且肯定會有莊稼，他也知道，聽到這件事的人，只把它當成是有此可能。然而，他更進一步的保證，則是大家從沒有想過或是期待過的境界，那就是每一粒麥穗能結出一百顆子粒，這事在世上是不會發生的。但耶穌所講的是：天主的國，當天主爲王的時候，是會發生這樣的事情的。比喻以一非常豐富的莊稼來表達天主的國，以一個結實纍纍、厚實、飽滿的麥穗來引人羨慕。結出三十顆子粒是最基本的，六十顆子粒則是一個夢想，但最大的可以結出一百顆子粒，則是從沒聽過也沒看過。

比喻的目的就是爲了要鼓勵聽眾相信耶穌，信任他和他的作風，而且了解好的種子會結出好的果實。雖然會碰到困難，但是，只要相信、接受、希望、信賴，而不要失望、不要轉頭走掉，且是要趕快下這個決定，因為，耶穌不會一直在這邊等候著，他也應該到下個地方去，去完成他的使命。

等待解救者

耶穌為什麼以比喻面對危機，與他宣講當時的政治、社會氛圍息息相關。

「以色列」在當時是個相當模糊不清的概念，基本上是指一個民族而不是一個國家，而這個民族非常認同它的法律，且按照這個法律到聖殿裡朝拜他們的神。此外，那時很多猶太（以色列）人是在羅馬帝國境內居留，甚至住在羅馬帝國東邊以外，剩下的猶太人，絕大部份都是居住在現在叫以色列、巴勒斯坦的地區。因此，散居各處的「以色列」在當時不能算是一個政治體，而是被羅馬帝國統治的一群人。不過，羅馬人給他們相當大的自治權，猶太人也就這樣生活著。

目前稱做以色列、巴勒斯坦的地區，當中的一部份，在耶穌的時代是被「第二個黑落德王」所管，他的地位在某一程度上可以算是猶太人的國王，而他的父親就是那個比較有名的黑落德王，因為他在位期間聽聞耶穌誕生時，想殺害他又找不到他，便下令將耶穌誕生的白冷城（伯利恆）附近，兩歲和兩歲以下的嬰兒都殺死。

事實上，第二個黑落德王也只不過是羅馬人的傀儡罷了，卻儼然是一位暴君，統治這塊土地的北部，名叫「加里肋亞」，這個名字猶太人一直到現在都還一直保留著。（參考瑪竇2：16）

羅馬人另外指派一位總督，管理這塊土地的中部撒瑪黎雅，還有南部的猶大（請見三九頁）；耶路撒冷就是在這個地區，這地方的猶太人對於羅馬人的統治很是反感，不論是基於宗教或是政治的理由，他們都不能接受被統治，於是繼續不斷地等待祖先所許諾的解放者。

成爲好土地

許多年過了，加里肋亞危機成爲了猶大危機，而耶穌就是在這樣的險況之中死了，如同掉在地裡的麥粒死了，結出許多果實，這正是他自己在另一個場合，曾說過的一句話❶。耶穌就是在他復活的時刻結果實，這時有很多相信他的人聚集在一起、開始想起他說過的話和比喻，包括這個撒種的比喻。

可是，誰還記得耶穌講這個比喻當時的加里肋亞危機呢！沒有人注意到這點，因此，撒種的比喻失掉了原本的生活環境，再講這個比喻有何意義呢？所以，爲了懂這個比喻，編寫耶穌文件的人應該改變重點了：

「那撒種的人撒的，是所講的『話』。那撒在路旁的『話』，是指人聽了後，撒殫立時來，把撒在他們心裡的『話』奪了去。同樣，那撒在石頭地裡的，是指人聽了這『話』後，立刻欣然接受；但他們心裡沒有根，不能持久，及至為了這『話』發生艱難或迫害，立刻就跌倒了。還有那撒在荊棘中的，是指人聽了這『話』後，世俗的焦慮，財富的迷惑，以及其他的貪慾進來，把『話』蒙住了，結不出果實。那撒在好地裡的，是指人聽了這『話』，就接受了，並結了果實，有的三十倍，有的六十倍，有的一百倍。」

（馬爾谷4：14～20）

到了初期的教會，問題已不再停留於種子，因爲這已是一種肯定：好種子會結果實，正如耶穌的言語和行動，已結出了很多很多的果實，他們聚集在一起，正是耶穌所結出的果實。因此問題已從種子轉變爲土地，這個比喻看似解釋撒種的比喻，實際上卻運用在不同的狀況之下，因爲現在不是撒種、而是收割的時間，這也是我們的時間，也正是看這本書的你的時間了。

問題也不再是，面對撒種的時刻我該做些什麼，而是爲了讓種子結出許多果

❶我實實在在告訴你們：一粒麥子如果不落在地裡死了，仍只是一粒；如果死了，纔結出許多子粒來。

若望福音12：24

實，我要如何成爲一塊好土地？因此，不結果實的那些土地就變成比喻注意的焦點了，因爲，這些土地，就是我們應要避免的情況。我們在導讀中提過，新約的前三部福音中，有些共同的材料，這個比喻也包括在內，我們可以來看每一部福音，是如何描寫好的土地的：

那撒在好地裡的，是指人聽了這「話」，就接受了，並結了果實，……。（馬爾谷4：20）

那撒在好地裡的，即是指那聽了話而了解的人，他當然結實，……。（瑪竇13：23）

那在好地裡的，是指那些以善良和誠實的心傾聽的人，他們把這話保存起來，以堅忍結出果實。（路加8：15）

我們可以從這三部福音之中看到，人主動的答覆是愈來愈清楚，不只是如馬爾谷福音當中所說的，「應該要聽到訊息」，也應該如瑪竇福音當中所說的，「要懂它」，更應該要如路加福音當中所說的，「要以好的心保存它」。我們不能聽比喻如同聽雨聲一般，而是應該要接受、懂、保存它，這樣好的種子才會結出果實，如果好的種子沒有好的土地，也不會結出果實。

我們能做什麼呢？我們先來看那些不讓種子結果實的狀況：首先是魔鬼和它的誘惑。爲了避免誘惑，身爲人的我們，能做的事是很薄弱的，若能意識到這點，就已相當不錯。因此我們能醒悟、能注意，就會有好的反應，至於魔鬼和誘惑是否會出現，已不是掌控在我們手裡。再來就是破壞，這也是人無法控制的問題，但是經由提醒，可讓我們知道應當隨時作準備。因此，爲了當破壞來臨時，能有堅固的防備，我們可以先鍛練、練習。

種子要結果實還有個阻礙，荊棘，需要我們花更多的力氣剷除：

> 那落在荊棘中的，是指那些聽了的人，在中途就被掛慮、錢財及生活的逸樂所蒙蔽，沒有結出成熟的果實。（路加8：14）

荊棘造成種子生長困難，或許正是指出，爲了保護種子，農人可以多做一些清除的工作。但另一方面，面對生活上的荊棘時，我們也能有所行動，也就是面對錢財、忙碌、掛慮、逸樂該怎麼辦。不過，這裡說的並不是每天的工作義務，每天的工作義務並不會阻礙我們結果實，反而可成爲我們的土壤。

在三部對觀福音中，皆提到生活的憂慮和忙碌，就好像在描寫我們目前的狀況，加班、時間不夠用、忙不過來，……導致我們憂慮與緊張而無法聽、懂、保存耶穌的訊息，特別是耶穌曾說過的一個訊息：

凡勞苦和負重擔的，你們都到我跟前來，我要使你們安息。（瑪竇11：28）

另一個荊棘是：財務，我們要注意富裕跟錢財有關，但並不一樣，它們的差別就在於數目的多寡。錢財爲的是，需要買報紙、付車錢、吃個飯、買雙鞋的花費，富裕的需要則是，高級房車、奢華公寓、到高貴的歐式餐廳用餐、買眞皮或彷皮的華麗衣服，這便是兩者的差別。所以耶穌沒有說錢財的憂慮，他說的是富有的憂慮。還有個荊棘是：娛樂，在此不多做解釋，想必大家都已經知道，這幾點就是會造成種子窒息的各種因素。

如果換個角度來看這個比喻，不結果實的那些土地還能發揮什麼作用呢？若能這樣看，會有很不一樣的發現。有些土地雖不結果實，卻有其他用途，例如道路並不適合種子生長，但在道路上的種子，並非毫無用處，它是爲了給天空的飛鳥吃，而給飛鳥吃掉是件非常好的工作，因爲鳥兒們快樂的飛翔和悅耳的歌聲，使我們心情更加愉快。當然這並不是道路最重要的作用，道路最重要的工作是在連結，是爲了使分開的人可以結合、運輸需要的物品，還有人可以走在上面散步，因此，道路是有許多的用處。

另外，石頭多的土地，雖不能在上面撒種子，卻可用來蓋房子。耶穌也說過一則短短的比喻：

所以凡聽了我這些話而實行的，就好像一個聰明人，把自己的房屋建在磐石上，雨淋，水沖，風吹，襲擊那座房屋，它並不坍塌，因為基礎是建在磐石上。（瑪竇7：24）

這裡提到蓋房子，並不是說可以蓋個高樓大廈，但至少可搭座供農人休息或放置農具的農舍，還是給羊群遮風避雨的羊舍，石頭多的土地一樣有用途。

那麼荊棘也有用嗎？等等！讓我們想一下，如果我們換換莊稼，不在荊棘地裡撒麥子的種子而是種植有刺的花朵呢？如此一來，會吸引蜜蜂前來採蜜，或是可以用這些花來做香料，也就是說，長滿荊棘的土地還是能發揮用處。

如果一個人能成爲著名的男高音，爲什麼一定要他變成一位大教授？如果小孩喜歡的是畫畫，爲什麼非要他學英文不可？每一塊土地都能夠生產出莊稼來，重點是該如何配合它的特性、如何好好地運用每一個人的才能。最重要的就是讓它發展，這也是撒種的比喻另一個教導。

做個耐心的園丁

你只要有個花盆，就可以成爲小小的地主、園丁。你會知道，若在花盆裡埋下一顆種子，並不會立刻掉下一朵花來，畢竟你不是擁有一部賣花的機器，像是汽水或咖啡的自動販賣機一樣（我不知道有沒有這種機器，假如沒有的話，現在我提供你這個建議，也許你可以趕快發明個自動販賣花的機器）。沒有這種機器的話，你便要等待，在開花以前，沒有任何事可爲它做，那你就平安地吃、喝、睡覺、散步、……等，也就是說，在別的事情上工作吧！一旦時間到了，種子自然會結它的果實或花朵。

首先，會有一個小小的芽苗冒出，假如你願意，可以和它談話：「小小芽苗啊！乖乖喔！趕快長大呀！快變成一朵美麗的花兒吧！」很可能這株小小的苗會很高興（至少你會很高興，因爲你滿足了自己爲它做點什麼的需要）。但是，它不會因此長得更快。假如你需要，也可以摸摸它，但小心別對它太粗魯，似乎要把它拔出，讓它趕快長大一樣，如此只會揠苗助長使它死去，所以「應該等待」。

既然當小地主不難，那麼要進入這則比喻的世界也就不難了，不需是個農夫或住在鄉村就可清楚了解：

「天主的國好比一個人把種子撒在地裡，他黑夜白天，或睡或起，那種子發芽生長，至於怎樣，他卻不知道，因為土地自然生長果實：先發苗，後吐穗，最後穗上滿了麥粒。當果實成熟的時候，便立刻派人以鐮刀收割，因為到了收穫的時期。」（馬爾谷4：26～29）

這個比喻非常簡單、普遍，反而容易讓人忽略它。它和撒種的比喻密切相關，在馬爾谷福音中，這兩則比喻是耶穌在「同一天」講的，藉此也能肯定兩者間的關聯。所以，耶穌是在相同的生活背景之中講出這個比喻。在撒種的比喻中，我們已經提到「應該等待」，但主要是強調人應相信種子，也就是要人相信耶穌的話還有行動、作風，是對的、好的。所以接下來最要緊的是，引導人「接受等待」，這也正是加里肋亞地區的革命份子無法接受的等待，因此，耶穌再次講同一個教訓。

光是談論種子，便覺得一切似乎很簡單、很基本、很自然，但回到實際的生活，眞要面對那就是另一回事了，因爲「等待」是最令人不悅的事情之一。總之，「等待」老是讓人感到走向失望，因此，提供服務的人，包括在客戶等待期間的服務，必會想辦法讓人好好度過這一段時間，例如，家庭診所或牙醫診所，一定會放置一些報章雜誌，讓等候的人可以翻閱；理髮廳也是如此；航空公司也會安排一些特別的房間，專門給一些重要或是經常搭乘的旅客（他們被稱爲VIP）休息。

沒有人喜歡「等候」，最糟糕的經驗就是，在冬天的清晨、冷清的月台上等候火車進站。就連等公車也是那麼讓人不舒服，尤其正逢雨天，一旁的小姐偏偏又邊等公車邊轉動著她的雨傘，把雨滴分給大家，我想每個人擁有的雨滴已經夠多了。這就曾發生在我身上。

等待的問題似乎就是時間，看著錶時就想說或甚至眞的脫口而出（不管有沒有人聽到）：「喔！來不及了！一定會遲到！」而且，似乎愈不耐煩愈等不到。

但其實，問題不只出在時間，也會出在人身上。你相不相信，雖然我說了這些話，但昨天幾乎拔了你現在手中的「花朵」，也就是這本書。

對！讓我來告訴你這點。我的限度之一，就是不會「寫」中文，意思是不能寫出讓人可以懂和唸的中文，能讓你讀到這一頁，我需要有人幫忙。昨天我就是在和幫助我整理稿子的助理講這本書前幾頁的內容，可以說還在嘗試的階段，但解釋了兩三次，她還是不能理解我沒法表達出來的地方，於是我開始不耐煩了。雖然眞正的煩惱是來自自己無法表達出來的中文，但從外表上卻看不出來。我表現出來的就是聲音愈來愈大、講話愈來愈快，可能是有點驕傲、煩躁。而她這株植物就開始萎縮、關閉，似乎認爲我快要把它拔出來了，眞的，它差一點就要跳出花盆，讓我這個小小地主的手中，只留下一把沒有用的泥土，放在一個空的陶器之中，而失去那個充滿著希望、可愛的花盆。本該想到，這就是時間的問題，應讓它慢慢地成熟。或許，再試試看。

等待不光是等候時間，很多時候我們會弄錯，我們等火車，只需等滿一段時間即可。但是，我們等待所愛的人並不只是這樣，在等待的這一段時間，心裡會有一個希望、一個渴望、一個理想。

耶穌說這個比喻，就是要告訴我們這件事。我們知道種子好，確定必有果實，但不能因此就把它丟到一旁，相反的，正因懷抱著希望和渴望，所以，在種子每天重覆接受露水滋潤、陽光照耀的同時，我們也可跟它一樣，天天體驗著這確信、肯定的理想：天主的國臨近了。令人十分雀躍的，就是種子要在我們當中開始生長了：簡單地說，正一步一步地從芽苗長到莖葉，然後再結出豐富的果實。

別急著拔草

唉！路不一定是直的，事情也不一定樣樣順利。

田裡總是有雜草、害蟲，我們週遭也難免有麻煩的人。種子也是有好有壞，雖然我們提過，沒有人會把壞的種子撒在田地裡，是沒錯，但在這個世界上還有別人，有時候這些「別人」，就會使得我們的事情變得不順利，但也可能是事情本身就不是那麼的順利。不過，雜草一定要立刻鏟掉、眼中釘一定要迅速拔除嗎？爲了繼續講給那些不能忍耐的人聽，耶穌又說了一個比喻：

耶穌給他們另設了一個比喻說：「天國好像一個人，在自己田裡撒了好種子；但在人睡覺的時候，他的仇人來，在麥子中間撒上莠子，就走了。苗長起來，抽出穗的時候，莠子也顯出來了。家主的僕人，就前來對他說：主人！你不

是在你田地裡撒了好種子嗎？那麼從那裡來了莠子？家主對他們說：這是仇人做的。僕人對他說：那麼，你願我們去把莠子收集起嗎？他卻說：不，免得你們收集莠子，連麥子也拔了出來。讓兩樣一起長到收割的時候好了；在收割時，我要對收割的人說：你們先收集莠子捆成捆，好燃燒，把麥子卻收入我的倉庫。」

（瑪竇13：24～30）

假如願意接受的話，這個比喻的訊息已是相當清楚了。因爲天主的國要來了，我們可能會很興奮，即便還沒有看到，我們也會接受「要等待」、接受「應該要相信」，可是，……時間一久，我們看不到有任何蛛絲馬跡像是天主的國來到，很可能就會有兩種極端的反應：一是失望，另一是想要反抗。面對失望的誘惑，耶穌已經講過撒種的比喻，而現在我們要提到的比喻，就是直接地回答該如何面對想要反抗的誘惑。

我們講過，忍耐、等候、希望、種子一定會結果實，且不需要特別做些什麼。但是，同樣地我們也會提到一點懷疑，那就是撒種以後，農夫或許還能多做些什麼，拔掉荊棘、雜草等等，意思是農夫能做些事、該做些事。

人在任何時候，都可能碰到一些不對勁的事，頓時就體驗到莠子的存在。而且，在這些不對勁的事情後面，總是眞有一（些）人。因此，對於不對的事情，我們很容易把判斷放在這（些）人的身上，所以很自然地把長出莠子這「不對的行動」，想成是「做這行動的壞人」。於是，爲了不要破壞莊稼，應該趕快把壞人除掉，這樣做對我們來說似乎再清楚不過。直到耶穌說：「可能不會顯得很清楚，也不是那麼的清楚。」人們會回說：「什麼？你說什麼？我有沒有聽錯？你再說一次。」耶穌還是說：「可能沒有那麼明顯。」人們會再問：「請你講清楚，你的意思是什麼？」因此，耶穌給他們（我們）講了這個比喻。

在比喻中很清楚地提到「等待」，但也說到另一件事，那就是「區別」。人們會說：「對！對！我們知道。我們都知道莠子是什麼，我們都知道莠子不好。」但是，……讓我們再仔細想想，我們若看到麥田裡同時有麥苗和莠苗也都剛冒出了芽苗，那我們能區分兩者嗎？我們眞能保證，不會誤把麥苗當莠苗拔出來嗎？這正是比喻中的主人對工人說那一席話的原因。當然如果有充分的訓練和經驗，或許可以輕易辨別。但爲了能完全的「區別」，最好還是「等」。

不過，我們其實根本不管麥子還是莠子，我們只管好人和壞人的分別，然而，正因如此，面對人時，更是不容易「等待」。每當我們看到報紙寫到綁架事件、殺人兇手，或是恐怖份子造成災禍，還是因爲有人不遵守交通規則而導致死亡車禍，我們總想要馬上下手除掉莠子，不然就是在街上或報紙上抗議，以尋求施展公義，我們認爲，這些事情是如此的明顯、清楚。

問題就在於，這些事情或許並不如我們認爲的那麼清楚。而且，無論如何，我們若從一開始就習慣拔掉莠子，可能就沒辦法停止下來。讓我們來看看一些比較主觀的例子：從某個立場來看，一切的問題都出在那些吸人血、壓迫農人的地主身上，但轉個角度，一切的問題都歸咎那些煽動群眾的共產主義者。看看另一個例子，問題都來自那些帝國主義下的跨國企業，但調個位置看，都是那些過份愛國主義，造成封閉。還有個例子，錯誤都因那些剝削的資本家，而轉換角色來看，問題的來源都是那些懶惰、不做事的工人。那麼，從每個例子當中的兩種立場來看，我們應該拔掉誰呢？所以，比喻給我們一個結論：「等待」，……最好我們應該等，直到能看得清楚。

回到比喻原有的社會背景，那所謂的莠子必是個羅馬人，光看他們的樣子，就已經夠清楚了，他們不是亞巴郎（亞伯拉罕）的後裔（種子），爲什麼他們在以色列的土地上呢？他們不是屬於這塊土地上的種子，所以他們當然是魔鬼，也就是天主和他選民的敵人所種下的種子，他們是莠子，應該要趕快拔掉。當然，除了羅馬人外，莠子還包括跟羅馬人合作的人，例如那個耽溺宴會、逸樂的黑落德，還有在他宮殿裡的官員，或者是那些爲他工作的人等等都是莠子。如果耶穌在當時同意進行清潔、掃除動作，那會發生什麼事呢？……會出現一個很大的矛盾。

莠子也結好果實

莠子的比喻只記載於瑪竇福音，而瑪竇就是一個稅務員❶，是個與羅馬人合作的賣國賊，照理說應該是粒莠子、要被拔除的第一個對象，而他的家在加里肋亞湖旁的葛法翁，就在以猶太人爲主的土地上，一定也是第一個要被燒的。如果這一切發生在耶穌召叫他之前，也就是他還沒有變成耶穌團體的一份子、變成一個特殊的見證人，爲我們留下記載，那我們現在就看不到瑪竇福音，自然也就沒有莠子的比喻。從這樣子的立場來看，拔雜草、莠子是一個明智的事嗎？我想比較起來，是一個大錯誤。

接著，我們來談談匝凱（撒該）這個人吧！匝凱還更壞呢！他不只是個稅務員，還是個稅務長。可是，耶穌進到了他家、與他一同吃飯，最後甚至說：「今天救恩臨到了這一家，因為他也是亞巴郎之子。（路加19：9）」相反的，讓我們想一想，假如人們已經拔掉莠子，情況會變得如何呢？嗯，耶穌進了耶里哥城，站在一間屋子前（當然，這房屋已是一個被侵入、被燒毀後的房子了）說：「本來這裡住了一個叫做匝凱的人，可是其他人先於天主的仁慈，因憤怒抓住了他。」那麼做這件事的人，聽到這番話以後，是不是得找一堆石頭遮蔽自己，或是找個地洞鑽進去躲起來呢！

還有更令人驚訝的！猶太人自己曾推薦一個羅馬百夫長（羅馬軍人的官階），去求耶穌幫助、治療他的僕人，甚至猶太人還幫百夫長還說了些好話：

---

❶在耶穌時代，稅務員是惡名昭彰且是社會排斥的人。沒有人喜歡納稅，更何況是繳納給統治者，好使他有更多財力、軍備，來繼續統治、壓迫自己。所以，稅務員十足是個賣國賊。同時，他反對天主的民族，也就是說他反對天主本身，這對很看重宗教的以色列民族而言，更是排斥的理由，所以，稅務員是罪人。

每一部福音中皆提到耶穌召來一個稅務員，雖然只有瑪竇福音給這個稅務員名字（瑪竇福音9：9～13）。另在路加福音中，也有提到一個稅務長，是在這個職務上有較高的職務者，也可以說是更令人可恨的。可是，耶穌進到了他的家，並且同他一起吃飯，使他能悔改（路加福音19：1～10），在下面一段，我們也會舉到這個例子。

有一個百夫長，他所喜愛的僕人害病要死。他聽說耶穌的事，就打發猶太人的幾個長老往他那裡去，求他來治好自己的僕人。他們到了耶穌那裡，懇切求他說：「他堪當你給他做這事，因為他愛護我們的民族，又給我們建築了會堂。」

（路加7：2～5）

看！「莠子」也會結很好的果實，因爲，很明顯地，那個百夫長一定是穿著羅馬人的軍服，照理說讓人一看就知道是個莠子。另有個百夫長，讓我們來看看：

在凱撒勒雅有一個人，名叫科爾乃略，是所謂意大利營的百夫長。他同他的全家，是虔誠而敬畏天主的人，對百姓慷慨好施，又常向天主祈禱。

（宗徒大事錄10：1～2）

很可能，當時居住在以色列的猶太人之中，有一半亞巴郎的後裔，好人（種子），都不見得比這兩位羅馬百夫長還要好。

不管在哪個領域，都會有些眞正壞的雜草、莠子，因此，在猶太人當中，也有些人遭到排斥，不過，原因並不是他們對政治的看法，而是他們的生活習慣和職業。你們有沒有注意到那個住在城外的婦女，那位沒有她看起來那麼老，也沒有她想的那麼年輕的婦女，我們都知道她是誰，做的是什麼樣的職業。對！那些婦女都應該全部燒掉，因爲她們出賣肉體，都是很壞的莠子。但是，等一下，她們當中的一位，耶穌曾特別在另一個比喻中讚美過：她愛的多，因爲她得到很多的寬恕。而且，跟隨耶穌的人當中，好像也有這個職業的人（雖然福音之中沒有清楚地提到），甚至在往後，當耶穌被釘在十字架上，她站在十字架旁，也是第一個看到耶穌復活的婦女。我們眞的這麼想要拔掉「瑪利亞瑪達肋納」（抹大拉的馬利亞）嗎？我們想要拔掉所有的「瑪達肋納」（屬於這種職業的婦女）。

這些例子都在福音當中，告訴我們只要等到兩年以後，我們就可以跟那些無法忍耐的人們說：「你們看看！因爲你們不能忍耐，結果是做了什麼好事！」兩年其實不是那麼久，雖然，對人們來說，兩個年頭或許像是永遠一樣。所以，這個等待莠子和種子長大的比喻，好像是則神話，不過，意思是相當清楚的。

「田就是世界；好種子，即是天國的子民，莠子即是邪惡的子民；那撒莠子的仇人，即是魔鬼；收穫時期，即是今世的終結；收割者即是天使。就如將莠子收集起來，用火焚燒；在今世終結時也將是如此：人子要差遣他的天使，由他的國內，將一切使人跌倒的事，及作惡的人收集起來，扔到火窰裡；在那裡要有哀號和切齒。」（瑪竇福音13：38～42）

這個內容相當簡單，唯一讓我們多想的是，每個細節似乎都可以有它的隱喻。比較讓我們驚訝的是收割的人是誰！因爲，到了末日，收割的人是天使，不是耶穌的宗徒、門徒們；不是聽過這個比喻的人，而是天使。我倒覺得這相當合適，因爲天使「沒有時間」，他們生活在時間之外，所以他們不著急，也不需要趕快拔掉莠子；他們能平安地等待，一直到主人跟他們說：「開始吧！」……是的！只有我們（人）認爲兩年像是永遠一樣。

天使會「區別」莠子和種子，正因爲他們「等待」。比喻的本身也有侷限，例如這個比喻和事實有一很大的差別，就是莠子和人有很大的不同，最重要的是莠子不能改變，而人可以改變。莠子永遠是莠子，永遠是一樣的，但是，人並非如此，壞人可以成爲好人，好人也能變成壞人，而且很可能會在兩者之間變來變去。每天的生活當中，就可以看到這種情形。

若爲了有個更好的角度來看人，而給別人、自己足夠的時間成長，這麼一來，我們的經驗不就是這個訊息所要表達的嗎？假使我們不拔掉莠子，反而是改變狀況，不就可以讓莠子變成好的麥子嗎？

超出預期的收成

我們讓羅馬人平安的過日子吧！我們現在不談論羅馬人了，羅馬人只是猶太人在意的問題之一，他們還有別的事要關心。猶太人等待默西亞的來臨，不只是因默西亞可以從羅馬人的手中解救他們，默西亞還會帶給他們的民族很多很多的好處。先知早就以豐富的盛宴，描寫默西亞來臨的時代，這樣子的畫面，十分吸引加里肋亞的農夫和漁夫，因爲現實的生活裡，他們只能是求溫飽、避免餓死罷了。他們對默西亞的印象是停留在，會突然出現、突然來臨、天主的國會冷不防跑到他們的生活當中。我不知道他們是用什麼字彙來表達的，可是他們能想像的就是這個樣子：突然發生的事情。無論如何，他們希望這件事很快就會發生。

但是，耶穌來了，事情仍進行得那麼慢，如同等莊稼般一樣地慢，我們已說過，爲什麼要等那麼久，尤其是等那麼久會不會有結果呢？應該要再一次肯定「等待」，因爲，說不定時間已經過了一年，還是沒法看到麥子，於是，耶穌提出一個不限於一年又復一年的生長情況：芥子的生長。

不知道你喜不喜歡吃生魚片，我喜歡！特別是那個沾醬、那個讓人鼻子瞬間通暢的芥末醬，所以，我也非常喜歡芥末口味的花生。這個芥末醬似乎就是用芥菜子作成的，假如不是，應該也是相當類似的植物，如同我們西方的芥菜，可以拿來作香料。耶穌講了一個比喻，就是以這個芥子來做例子的：

「我們以什麼比擬天主的國呢？或用什麼比喻來形容它呢？它好像一粒芥子，種在地裡的時候，比地上一切的種子都小；當下種之後，生長起來，比一切蔬菜都大；並且長出大枝，以致天上的飛鳥能棲息在它的蔭下。」（馬爾谷4：30～32）

我並不是研究植物的人，無法保證芥子是一切種子當中最小的，此外芥子樹似乎也不是眞像棵大樹般，應該比較像是樹叢。對！馬爾谷說，比其他的蔬菜更高，那是當然的，如果跟白菜比較，芥樹叢當然像棵樹，總之，可以肯定的是一定比豆子高。所以，這是因爲福音作者的心情興奮，才將芥樹叢描寫成香柏樹一樣，讓我們以爲它如大樹一樣。好吧！我們就把它當成有樹枝生長出來的樹叢好了，也不必辯論種子到底一顆是多少毫克，也不必討論有多少樹枝，每枝樹枝是有幾公分、有多長，我想從種子長成樹叢的變化，已經是夠清楚、夠明顯的了。

而這個改變就是比喻的重點。當它還是種子的時候，會被飛鳥吃掉，跟其它的種子沒兩樣（這我們已經知道），但當它長大時，反而可以讓飛鳥在它上面棲息。我無法跟你說這個變化需要多久的時間，因爲我對植物的認識，並沒有比上一段提到的還進步，但是一定會超過一年，而這一點，就是這個比喻所要帶來的新訊息：超過一年的時限。前面我們所提到的幾個比喻，都帶著一年的限度。說不定，這正是加里肋亞人，爲了要看後果而給耶穌的時間，要看耶穌說了一百倍的莊稼的一年以後，會發生什麼事情。

因此，這個芥子的比喻就是要指出，沒有時間的限度，同時肯定撒種的比喻提到的「種子好一定會結出果實」。而且，有一天將會看到，這些在加里肋亞能看見的小小事，和未來會發生的事之間的差別。……不！不要繼續停留在問「什麼時候」，而是問「眞的嗎？」耶穌的工作、他的宣講、他的奇蹟、他分享人的生活、他的死亡（和復活），眞會結出這麼大的果實嗎？會引起如種子到樹叢一樣的改變嗎？換一句話說：我們相信不？

等機會不如做準備

◆

等待中的行動

◆

申請通關護照

◆

無知的代價

◆

等機會不如做準備

◆

早就告訴你了

等待中的行動

從世界的開始直至現今，不是每個人都有參加盛宴的特權，因此，這些沒去宴會的人，在很多方面可以做我們的借鏡。因爲，我們有時也沒接到邀請，或是必須留下來値班工作，無法參加。

當我們沒受邀赴宴時該做什麼呢？是滿懷妒嫉、詛咒那些接到邀請或設宴請客的人嗎？還是來個革命、抗議：爲什麼每次都是同樣的那些人，可以去參加呢？而總是同樣的這些人，要留下來工作加班，不能去參加宴會呢？沒參加宴會，其實是日常生活裡很普遍的事，在你我居住的城市中，每天總有數十個、數百個聚會活動進行著，但我們都沒被邀請。

「要把你們的腰束起，把燈點著；應當如同那些等候自己的主人，由婚筵回來的人，為的是主人來到，一敲門，立刻就給他開門。主人來到時，遇見醒寤著的那些僕人，是有福的。我實在告訴你們：主人要束上腰，請他們坐席，自己前來伺候他們。他二更來也罷，三更來也罷，若遇見這樣，那些人纔是有福的。」

（路加12：35～38）

我不知道沒去宴會，你要做些什麼，不過，我的工作已足夠佔滿我的時間，我沒空想該做些什麼。生活的目的就是盡本分，每個人皆有自己分內的工作。所以，不能因爲宴會正在舉行，也不管誰去參加，主人是不是在裡面，我們都不能棄自己的工作不顧。

路加記載的比喻告訴我們這樣的情況：有個主人去參加婚宴，他的一些僕人在等他回來。在這裡，我們不討論階級差異，或是不公平的地位等等議題。無論是否有太過誇大、生動的描述，例如，有個可憐的僕人整夜都不能睡覺，只爲了要等一位偉大的人物回來，社會現況確實是如此，每個人有他自己的地位與義務。不過，這不正像有些人，必須前往辦公室處理事務，而不能去打高爾夫球，那他只能嫉妒那些打高爾夫球的球員嗎？可是，那些打高爾夫球的職業選手，看起來似乎生活、工作都很舒服、輕鬆，事實上也有不得已的地方，像是經常得離開自己的家，前往世界各地出賽，履行他們的工作。這就是比喻的重點，每個人都有自己的工作，沒有任何人可以避免。

這就是比喻中所謂的「醒寤」。記得很多年前聽過一個故事：

美國的亞歷桑那州是個沙漠地區，在某片沙漠裡有個加油站，在那前後數十里沒有任何商店、人煙。有天傍晚，一輛車駛進站裡加油，看這位先生的穿著打扮應是個有身份地位的人。他付錢的時候，果然多給加油的職員五塊美金小費，當然，故事是發生在好幾年以前，那麼以目前的通貨膨漲率，好吧！提高成廿五塊美金的小費，比較貼近故事真實的情況。這位先生同時也告訴他，後天晚上，將再經過此處加油，屆時就再麻煩他多加留意、服務了。

這個員工收到小費之後喜出望外，盼著隔兩天的晚上這位先生再度光臨。到了約定的那一夜，他準備睡袋（沙漠的夜晚氣溫很低）在加油站等著那給許多小費的先生。差不多凌晨兩點時，一部汽車駛進了加油站，對！正是前天的那位先生，這名職員熱情、親切地問候：「先生你好、晚安、這邊請。」但是，這次的小費只有兩毛五美金。加油的職員感到奇怪，似乎不太符合他的想像。這位先生看到他疑惑的表情，便向他說：「這是前天的小費，而今天要給你的小費，我在前天已經給了。」

想一想，這位先生眞是聰明，很會鼓舞工作士氣。我們不能說他欺騙了加油站的職員，因爲沒人有義務要支付小費，但爲了讓人願意工作，他的確是很有一套。

不過，我們要講的比喻遠超過此，這個先生的行爲是一般人會用的聰明，但比喻中的結果卻是超乎我們的想像：主人請僕人坐下，由他自己來爲僕人服務。這就是耶穌的比喻，有兩種層面的觀點。故事的開端，先是引用這世上會有的事：有一個主人出門參加宴會，有些僕人知道他們必須等待、醒寤，因爲他們是僕人。不過，這之後耶穌接著提到在天上的事（因爲這是他所熟悉的）：主人服侍僕人，這是在天上才有的事。但這種服侍不是種消費，所以我們不必想要花多少錢，這完全超過階級概念，完全是彼此不分。當然，有個小小的細節：應該醒寤。

關於「醒寤」，另有個短短的比喻：

「你們應該明白這一點：如果家主知道盜賊何時要來，【他必要醒寤】，決不容自己的房屋被挖穿。你們也應當準備，因為在你們不料想的時辰，人子就來了。」

（路加12：39～40）

對！小偷並不會有好習慣，給我們方便，會先寄通知來告訴我們說：「你家有些東西我很喜歡，我打算在明天清晨一點到四點鐘的時候來拿走，如果到時有什麼聲音吵到你的話，在此先向你說聲抱歉。」還署名：「你的好朋友，這個地區的賊。」不！小偷不會預先通知。這種通知只有自來水公司、電力公司會發給住家，因爲要通知居民何時會停水、停電。賊不會這樣告知，於是應該醒寤。那麼，在什麼樣的環境、情況之下，應該謹慎、準備？

誰是比喻中的「人子」呢？這神秘的「人子」。在福音中，耶穌總是用「人子」稱呼自己，意思大概就像中文的敝人、在下，也就是「我」的謙詞。耶穌眞正地懂，自己是個僕人，像在比喻裡，服侍僕人的主人一樣。「人子」說他要回來嗎？是的，不過，聽到這點，不要馬上想到太陽消失、星辰隕落，或是會有地震、火災、海嘯襲擊等等。事實上，他每天都來了，靜悄悄地、沈默無語地，或

是接待這個癌症病人，或是那個心臟病發、車禍死亡的人，邀請他們坐在天上的宴會之中。

醒著的時候

那麼，等待他來臨的日子時，我們又該做什麼呢？讓我們繼續看原本在比喻之後的敘述：

伯多祿說：「主，你講的這個比喻，是為我們呢，還是為眾人？」主說：「究竟誰是那忠信及精明的管家，主人派他管理自己的家僕，按時配給食糧？主人來時，看見他如此行事，那僕人纔是有福的。我實在告訴你們：主人必要委派他，管理自己的一切財產。如果那個僕人心裡說：我的主人必然遲來；他便開始拷打僕婢，也吃也喝也醉酒。在他不期待的日子，不知覺的時刻，那僕人的主人要來，必要劊除他，使他與不信者遭受同樣的命運。那知道主人的旨意，而偏不準備，或竟不奉行他旨意的僕人，必然要多受拷打；那不知道而做了應受拷打之事的，要少受拷打。」（路加12：41～48a）

等待主人回來的時候，可以做的是不要被雜務影響而分心。醒寤實在不是件容易的事，伯多祿想說也許這是別人的義務，所以問耶穌：「主，你講的這個比喻，是為我們呢，還是為眾人？」這個問題沒頭沒腦，而耶穌也沒有回答，繼續講完自己的話。這樣子的一段談論已從「等待」，轉到了等待時「醒寤」的重要。醒寤時，又該做哪些事呢？主人不在家，有各種原因，要注意的是「等待」、等待當中所有的行動。

比喻當中有個言行舉止不負責任、過份欺壓他人的僕人，因爲他心想主人必會遲回，也就是說他還有時間爲非作歹。這很像我們常有的藉口：「明天再說吧！明天再做吧！」「等待」已不容易，而在等待時好好履行該有的行動，則是更加的困難。比喻中的家僕，給我們一個提醒：家僕本來應該按時分配食糧給其他僕人。不過，就因家僕心想，還有時間，於是就開始鞭打其他的僕婢。反正，還有時間，等到主人回來的時候，已經船過水無痕了。到時，其他的僕婢早已忘了這件事，要不一直否認就好了。總之，在底下做事的僕人難免會有些抱怨，此外，還有時間，所以也不用害怕吃喝、醉酒會被主人發現。還有足夠的時間收拾環境、讓頭腦清醒。因爲還有時間，所以，也可以找藉口解釋爲什麼食糧短少。

就連打破的花瓶，在過了一段時間之後，有誰能證明，原來有它的存在呢！還有時間，主人必會遲到。

這種態度，像是一位會計人員，老是到月底，或是三個月、半年後才要寫結算表，認爲還有時間，可以想辦法掩蓋這段期間工作停擺。這也像辦公室的員工，認爲要繳報告的時間還久得很，或是學生常有的心態，知道學期末要考試，但距離期末還有很多的時間。因此，我的主人，一定不會那麼快來。或許，他不來了呢！沒錯！在這樣的敷衍之下，隱藏著主人不會來的心態。沒有人會來向我算帳的，反正，也沒有人看過這些比喻中的「主人」、「人子」。我們眞正相信他存在嗎？好吧！就算他存在。不過，他眞的會回來嗎？

沒有人邀請我們參加婚宴，於是，我們自行安排宴會，大吃大喝一頓，管他結果如何。可惜，主人快要到了，也爲我們準備好宴會，這宴會的預算遠超過我們的想像，而且，他將親自服侍我們。但我們自以爲是的決定了：他不會來。

那麼，他來的時候，應該要改變他的計劃，把我們丟到外面嗎？

申請通關護照

漁夫不是什麼魚都要，他們只要好的魚，當然囉！壞的魚有什麼用呢？可以賣給誰或塞給誰呢？

耶穌將自己住的地方，搬到一個湖邊，而沿著湖有很多人靠打魚維生。雖然他從沒直接參與，也從沒捕過魚，但他有朋友當漁夫（後來爲了跟隨他，放棄了網和船），況且，不要壞的魚，只是一般常識，並不難懂，因此他非常了解漁業生活的過程，也根據這些經驗說出相關的比喻：

「天國又好像撒在海裡的網，網羅各種的魚。網一滿了，人就拉上岸來，坐下，揀好的，放在器皿裡；壞的，扔在外面。在今世的終結時，也將如此：天使要出去，把惡人由義人中分開，把他們扔在火窰裡；在那裡要有哀號和切齒。」

（瑪竇福音13：47～50）

雖然比喻提到海，但事實上並不是指深海的工作，而是描寫加里肋亞湖的打魚方法，耶穌就是在加里肋亞湖（請見九五頁）附近，履行他的職務。而說到海，……反正，自古以來以色列人就不是有名的水手，因此一個小小的湖，對他們而言，已可以算做是海了，這個比喻背後的生活實景就是如此。

這裡再一次提出了「區別」，有兩種東西、代表了兩種人物，如同「莠子」和「麥子」、「好魚」和「壞魚」的區別。但「壞魚」的說法有點奇怪，我們說「好魚」的意思是指有用的魚：可以賣掉、可以食用；而「壞魚」的意思是指沒有利用價值：或是因打魚時，這魚已經死了，或是這魚的肉沒人喜歡，還是這魚無論用醃漬、煙燻，都沒人敢吃，反正，因有這些理由，就是沒辦法賣出去。對漁夫而言，這些魚沒什麼用，所以是壞的，既然如此，爲什麼還要保留它們呢！趕快丟掉。這樣子說，或許可幫我們接受，原本使我們反感的「壞」這個字眼。

假如把這個比喻，放在人的身上、在天主的國，那可以這麼說：壞的人是指對天國沒有用的，也就是，不能建立天國價值的人是沒有用的，因此把他們丟到外面，或者更正確的說法是：把他們留在外面。不需要做任何判斷，正如沒有人會去判斷或是生一條魚的氣，假如沒有用，頂多丟掉就好了。

重要的不是誰是好人、誰是壞人，而是最後會發生什麼事。這個比喻暗示了，從天主的國來臨，到最後的選擇，相距一段時間。撒網到坐在海邊揀選魚，相距一段時間；莠子的生長一直到收割，也是間隔一段時間。比喻有限度：魚不能改變，但是人能改變，假如人能接受耶穌推動的價值，接受做天父的子女，而展現兄弟情誼、過簡單的生活、抱持信賴的態度、實現愛的行動、發揮憐憫心，那麼，在選擇的那一日，我們會拿到一個有效的護照和入境證，進入天國。事實上，我們早已在天國之內，因爲，當我們實踐天父子女的愛時，接受耶穌推動的價值時，我們已經在我們的四周建立天國了，因此我們是在天國之內了。

這個比喻也有助我們了解，耶穌說過的另一句話。耶穌召叫、聚集門徒，並且向他們說：「你們要成爲漁人的漁夫。」換句話說，門徒的工作就是聚集一些對建立天國有用的人。而且，就是因爲人能改變，所以他們更要做漁人的工作，爲了向人介紹這些價值、向人們說明新的局面已經來臨，以免在重要的時刻，要丟掉他們。這句話和漁夫撿魚的比喻，正好相互呼應。

加里肋亞湖

加里肋亞湖在《聖經》中有不同的名字，例如：革乃撒勒湖，提庇黎雅海。

有一次，耶穌站在革乃撒勒湖邊，群眾擁到他前要聽天主的道理。（路加福音5：1）

「革乃撒勒湖」是希伯來文的地名，在舊約（或是希伯來文）《聖經》當中出現。而到了新約《聖經》，就出現另一個名字

這些事以後，耶穌往加里助亞海，即提庇黎雅海的對岸去了。（若望6：1）

「提庇黎雅海」是為了迎合羅馬皇帝而取的地名。耶穌公開生活那時，羅馬皇帝就是叫做凱撒．提庇留，當時管理加里肋亞地區的黑落德王，為討好羅馬皇帝，便把湖邊的城市，取為「提庇黎雅」。

提庇留和提庇黎雅的差別，在於希臘文（新約《聖經》的原文）的名詞有詞性之分，「提庇留」是陽性名詞而「提庇黎雅」是陰性名詞。而這裡指的黑落德王，是耶穌誕生時，那個黑落德王的兒子。

無知的代價

如果擁有豐厚的財產，或是最近賺了更多錢，該怎麼處理？

這裡來了一個富翁，請耶穌幫他和兄弟分家，耶穌於是告訴他另一個富翁的故事，故事中的富翁要蓋更大的倉庫，保存他的農作物和財物。

平民老百姓找耶穌當仲裁者，在當時並不稀奇，無須太訝異。古代的以色列，並沒有地方法院，甚至也沒有獨立的司法權或是司法院。那時統治以色列的羅馬帝國，司法權和行政權合一，例如比拉多是羅馬的行政人員，也同時是審判耶穌的那一位，不過，那是因重大的罪行：叛亂罪（至少這是當時猶太首領指控耶穌的罪名）才會由羅馬的行政人員處理。否則，羅馬人不願意管猶太人的芝麻小事，而猶太人也不願意被羅馬人管。所以，像分家產這些涉及法律的事情，猶太人大多是交給法學士（有時候在福音中會提到這些人物）處理。

會請耶穌幫忙分家，是因爲他宣講的道理、對法律的解釋聲名遠播，而且即使到今日，分家產也是非常普遍的情形。那耶穌怎麼說呢：

人群中有一個人向耶穌說：「師傅，請吩附我的兄弟與我分家罷！」耶穌對他說：「人哪，誰立了我做你們的判官及分家人呢？」遂對他們說：「你們要謹慎，躲避一切貪婪，因為一個人縱然富裕，他的生命並不在於他的資產。」耶穌對他們設了一個比喻說：「有一個富人，他的田地出產豐富。他心裡想道：我可怎麼辦呢？因為我已沒有地方收藏我的物產。他遂說：我要這樣做：我要拆毀我的倉房，另建更大的，好在那裡收藏我的一切穀類及財物。以後，我要對我的靈魂說：靈魂哪！你存有大量的財物，足夠多年之用，你休息罷！吃喝宴樂罷！天主卻給他說：糊塗人哪！今夜就要索回你的靈魂，你所備置的，將歸誰呢？那為自己厚積財產而不在天主前致富的，也是如此。」（路加12：13～21）

當這個富翁想爲自己添上好處時，反而害了自己，很明顯的，他不知道自己在做什麼，是個無知的人，所以這個比喻故事常常被稱爲「無知的富翁」。

雖然，耶穌宣講的道理很吸引人而且具有權威，就如福音中所說的權力，然而他的權力不是來自任何人，他也不是出自名師門下，也沒參加過任何成爲老師的禮儀，因此，他的回答著重法律的精神，而不願進入法律的細節和教條。

耶穌雖不是正式的法學士，但他宣講，於是他趁此機會宣講一個非常清楚但人們卻常忘記的道理：一個人縱然富裕，但他的生命並不在於他的資產。因此，耶穌提出該有的行動，就是「你們要謹慎，躲避一切貪婪。」

比喻中的富翁是「無知的」，比起「糊塗的」這個形容詞，我較喜歡前者。因爲「無知」是說「不知道」，所以，一個人能夠同時是富翁且是個無知的人，例如這個財產可能是他人留下來的、他是繼承的；或是從原有的資產中再增利的。若是這些財產沒有幫助人獲益，他即使是個富翁，也一樣是個無知的人。

或許也有人在某方面無知，但在別方面精明，像是比喻中的富翁，善於管理財產，在這方面是個精明的人。他有很豐富的收成、很多的莊稼，他不是不知道該如何收藏，也不是因爲倉房不夠大，而把莊稼丟棄，他知道他該如何做，就是再建一個更大的倉房。故事一直到這邊，都描述得很正確，不過，這是按照生活在這世上的人，持有的某一種邏輯，但是，耶穌會比較喜歡另一種邏輯。

耶穌會向富翁這麼說：你現在已有一個夠大的倉庫，若講謀生保命，你也沒缺什麼，你已是個富翁了，其實不需要再有一個更大的倉庫，如果你現在有的遠超過你的需要，那麼就給貧窮的人吧！這些產業其實不是你個人的。但，……富翁會懂耶穌的邏輯嗎？即便說了比喻，他也不會懂。因爲他是「無知的」，他不知道資產是爲了生命，但生命不依靠資產，這是很基本的律法。

這則比喻不是爲了要肯定故事的主角是個富翁，而是要指出他是個無知的人。故事也描寫了他如何管理自己的資產、如何解決資產的問題，然而他的無知在於，他知道資產會毀滅，也知道在生命結束之前，有可能會失去資產，所以，很高興的說：因爲今年有了豐富的莊稼，從此我可以安然的生活度日，休息、吃、喝、宴樂一輩子。然而，他卻不知道生命也會毀滅、在資產用完之前失去生命，所以，富翁對這一點渾然不知，自然也不會爲了解決這個情況，採取任何行動。

其實，比喻已經講得很清楚了：天主是生命唯一的依靠者，因此，天主對他說：「今夜就要索回你的靈魂，你所備置的，將歸誰呢？」這正是耶穌要責斥的「無知」；突然間，人們領悟了，因爲沒有生命，他們原來的行動，完全沒有解決眞正的問題，他們發現自己所有的一切，一點用處也沒有。萬一還是弄不清楚的話，天主還會說：「你所備置的，將歸誰呢？」

重要的不在於擁有這個概念，而是在於行動。這個比喻的目的是爲了避免無知，但如果知道了卻沒有去實行，那也沒什麼用。因此，富翁爲了避免成爲一個無知的人，應該做的事不是知道，而是該以精明的方法、行動，善用他的財產以表現出他的智慧是天主所喜悅、肯定的智慧，這就是比喻末尾要說的：那為自己厚積財產而不在天主前致富的，也是如此。

等機會不如做準備

常聽到一些話，機會是留給有準備的人、機會是不等人的、是稍縱即逝的，我們渴望好機會降臨，升遷、得高分、一展身手、功成名就，但如果平日缺乏行動、準備，那麼當機會眞正來到眼前時，可能只是擦肩而過。

我們接著要談的這個比喻，也跟「醒寤」有關，在瑪竇福音裡，它就排在僕人等候家主赴宴歸來的比喻之後（請見八四頁）。不過，很多人把這個故事當成一種隱喩，不斷探討油燈是什麼？油是什麼？新郎遲延、童女打盹兒睡著、……等是什麼意思？其實，這些問題都是多餘的，我們只要一看比喻即可知道：

「那時，天國好比十個童女，拿著自己的燈，出去迎接新郎。她們中五個是糊塗的，五個是明智的。糊塗的拿了燈，卻沒有隨身帶油；而明智的拿了燈，並且在壺裡帶了油。因為新郎遲延，她們都打盹睡著了。半夜有人喊說：新郎來了，你們出來迎接罷！那些童女遂都起來，裝備她們的燈。糊塗的對明智的說：把你們的油，分些給我們罷！因為我們的燈快要滅了！明智的答說：怕為我們和你們都不夠，更好你們到賣油的那裡去，為自己買罷！她們去買的時候，新郎到了；那準備好了的，就同他進去，共赴婚宴；門遂關上了。末後，其餘的童女也來了，說：主啊！主啊！給我們開門罷！他卻答說：我實在告訴你們：我不認識你們。所以，你們該醒寤，因為你們不知道那日子，也不知道那時辰。」（瑪竇福音25：1～13）

我們常會忽略掉的一個字，也就是整個比喻一開頭的字，「那時」。「那時」的意思是，我們要談論的是，在某一具體的時間、所發生的一件事情。天主的國不是像「十個童女」，而是好像「那十個童女所遇到的事情」，再一次，比喻要講的是一個行動，也就是在故事末尾強調的行動：你們該醒寤，因為你們不知道那日子，也不知道那時辰。

我們不要企圖找那些不該問的問題的答案，例如油燈就是油燈，它就是一個裝置油的器皿，使油能緩緩的讓蕊芯燃燒出光亮。在一個還不認識電、更不知道

有手電筒的日子裡，以點油燈照明家中或是室外非常理所當然。比喻中的油，當然也就是油，是當時家庭常用的一種易燃液體，被蕊芯吸到頂端後，一點火燃燒便可生出火焰。同樣地，其他的細節，都是當時當地的習慣。如果我們認爲半夜迎接新郎這件事很奇怪，這是因他們的風俗跟我們不同。別的地方或許也會感到不解，爲什麼會有人不在半夜、而是在別的時間迎娶一樣奇怪。童女出去迎接新郎，等到新郎來到後，再把新娘帶回家，這也沒什麼特別的，還有在婚禮當晚參與婚宴也不足爲奇，新郎遲到也是一樣（雖然，看遍大大小小的婚宴，多半是新娘遲到，無論在地球的哪一個角落幾乎都是如此，對此，沒人會感到驚訝，尤其是參加過好幾次以後）。這之外，假如是在晚上，因爲新郎遲到，而等待的童女睡著了，也是很可能發生的情形，特別是在一整天忙碌地籌備婚禮後。比喻中一切的敘述都是很自然的事。

但是，還有些細節讓人不解，例如，不願意跟同伴們分享油，這不是很自私嗎？讓我們再想一想，在晚上、在好像沒什麼人居住的地方想要去買油，這個想法會不會太天真了？這些不明智的童女，也可說是相當愚蠢，因此有些外文的翻譯，就稱她們是愚蠢的童女。她們的愚蠢並不是因爲沒有準備油，而是因爲在那麼晚的時候，她們還天眞地想，會有商店在營業，那個年代可沒有「7-11」便利商店。

雖然，這些細節看似不合常理，但爲了講這個故事，還是不能少掉。如果十位童女都帶足了油，我們還是會有一樣的比喻，但就看不到對立的戲劇效果，如此一來，我們或許很容易就忘記，有人會忘了帶油。同樣的，如果新郎不遲到，那麼也就不需要多準備油，那這個比喻也無須存在了。如果那些帶足油的童女，把油分享給其他人，那我們會有這樣的一個比喻：「五個慷慨童女的比喻」，不過這就是完全不同的比喻了。

爲了清楚地表達，比喻要帶來的挑戰，這些細節不可或缺。所以，我們現在可以看到「那時」的重要了，因爲到了一個時間，因著兩種態度而有不同的影響與分別。童女們高興地去迎接新郎，其實帶不帶油並沒有什麼差別，就連到了晚上，必須要有油燈時，仍是沒有什麼區別。是因爲新郎遲到，那些沒有準備足夠油的才顯出了分別。所以，新郎來到的時間，也就是「那時」，就是個非常重要的時刻。

爲了顯出不同的行爲，這個比喻需要兩種童女，而且帶足油的童女，沒把油給那油不夠的童女。另外，還得加上新郎遲到的戲碼，也需要那些油不夠的童女，買油買到「廿一世紀」去了，而「廿一世紀」不是一個超級市場的名字，而是表示和「那時」不同的另一時刻。所以，「那時」該發生的事發生了：新郎來了，準備好的童女，就和新郎一同進入婚宴，而那些在「那時」不在的童女，因爲到另一個時代、另一個時刻去買油，回來時已是「那時」以後了、已是關上門、已是錯過「那時」了。

當然，最後那句責備的話，好像太過份了點，新郎跟她們說：我不認識你們。這話似乎太過強硬，畢竟大家原本朋友一場，這懲罰是否太嚴重了，反正她們只是稍微疏忽而已嘛！（我們想想如果現在請客的新郎、新娘用這種態度，把遲到的賓客關在外面的話，那會省下很多桌的錢，……不過，也會因此而失掉很多朋友）對！這的確是過份了點，但更突顯了它的急迫。這件事很重要、後果很嚴重，所以不能稍有遲延，就只有「那時」，沒有很多的時間。

比喻眞正要談論的是「末日」，我們可以看到在福音的文本，已經加上了些許的隱喻，把「那日子、那時辰」喻爲耶穌基督的第二次來臨，不過最重要的訊息是，爲了「那時」自己要做準備，而且是先準備好，這就是十個童女的故事要講

的醒寤：先買油，並且隨身帶著油，爲了「那時」的來臨，一切都已準備妥當。

此外，我們也不該忘記個人的末日，沒有任何人知道自己生命的「那時」是什麼時候、做最後的決定是什麼時候。這好像火車快要開了、家裡的門已經鎖上了，而且鑰匙還留在家裡面，沒辦法再回家拿什麼，這時所擁有的，就是已帶在身上的東西。準備的時刻已經過去，所以，這次的旅行只能依靠之前已備好的物品，因此應預先做好準備。

早就告訴你了

「我早就告訴你了！」如果我們眞有聽進提醒、勸告，那這句話早就消失了。

耶穌說過一個令人感到有些害怕的比喻，他直指故事人物的名字，拉匝祿（拉撒路），而這是其他比喻所沒有的，不得不訝異。當然，另有一個人物，富翁，但這不是個名字，比較是帶有玩笑意味的稱呼，或者有些人直接就稱這個人物叫愛吃的人（天天都在吃）或是很有錢的人。再進入以下的經文，則讓人更吃驚：

「有一個富家人，身穿紫紅袍及細麻衣，天天奢華地宴樂。另有一個乞丐，名叫拉匝祿，滿身瘡痍，躺臥在他的大門前。他指望藉富家人桌上掉下的碎屑充饑，但只有狗來舐他的瘡痍。那乞丐死了，天使把他送到亞巴郎的懷抱裡。那個

富家人也死了，被人埋葬了。他在陰間，在痛苦中舉目一望，遠遠看見亞巴郎及他懷抱中的拉匝祿，便喊叫說：父親亞巴郎！可憐我罷！請打發拉匝祿用他的指頭尖，蘸點水來涼潤我的舌頭，因為我在這火燄中極其慘苦。亞巴郎說：孩子，你應記得你活著的時候，已享盡了你的福，而拉匝祿同樣也受盡了苦。現在，他在這裡受安慰，而你應受苦了。除此之外，在我們與你們之間，隔著一個巨大的深淵，致使人即便願意，從這邊到你們那邊去也不能，從那邊到我們這邊來也不能。那人說：父親！那麼就請你打發拉匝祿到我父家去，因為我有五個兄弟，叫他警告他們，免得他們也來到這痛苦的地方。亞巴郎說：他們自有梅瑟及先知，聽從他們好了。他說：不，父親亞巴郎！倘若有人從死者中到了他們那裡，他們必會悔改。亞巴郎給他說：如果他們不聽從梅瑟及先知，縱使有人從死者中復活了，他們也必不信服。」

（路加16：19～31）

這不只是個比喻，還是天天會發生的事。有錢的人每餐吃得很好，雖然現在的人為了要避免高血壓、膽固醇、糖尿病等等慢性病，所以吃得比較少，但也因為比較小心飲食，餐桌上的食物變得精緻。那麼，現代的富翁還是一樣吃得好，並且在他的門口也還是有貧窮、餓死的人，或許現在不是在門外、街道上，而是窮人在家裡，看著電視、渴望從富翁餐桌上掉下來的食物。

比喻的描述很平凡，卻讓我們感到手足無措，不知如何是好。故事中提到貧窮的人死後到亞巴郎那裡去（是一個獲得安慰的地方、民族的信仰之父所在的地方），那富翁在哪裡呢？「陰間」這個詞應是外邦人（非猶太人）的說法，是爲了說明人死了以後，生命過渡的地方。可是，文中又提到是個受苦的地方，那，是地獄嗎？哪種地獄呢？是新約《聖經》描寫的、有火舌的地獄嗎？還是中古世紀的說法，有階級之分的地獄呢？比喻並沒有提到魔鬼，也沒有提到魔鬼的長叉。

爲什麼在地獄受苦？

我們不曉得富翁到底是做了什麼，才會下到地獄去。比喻之中只提到他每天都吃得很好，也說他是個富翁，卻沒說他的財產是不義之財，或是用不正當的手段取得的資產，更沒提他有了錢以後，做了什麼不對的事情。正因如此，所以使人感到不安。這會讓人不安到什麼地步呢！就連古時手抄聖經的人也不安到，在「拉匝祿指望富家人桌上掉下的碎屑充饑」經文後，加上了幾個字：但沒有人給他。一有了這句話，知道富翁下地獄的原因，那麼他就可以放心了。因爲這樣一來，讀到的人就知道他爲什麼下地獄，因爲他心硬、沒有愛德，因爲他冷漠不照顧周遭的人。這樣就讓人比較清楚原因出在哪裡，讓人放心。

但這句話其實只是安慰手抄者的不安而已，作者並沒有這樣寫，所以我們的不安仍在。除非最大的罪惡就是有錢，否則無法安撫我們。但這讓人更不高興，因爲這使有錢人不安，因爲他們已經有錢了，而還沒有錢的人，也會感到不安，因爲他們希望遲早有一天自己也有錢，……有錢有什麼不好呢！我們不知道。但經文中，亞巴郎好像覺得窮人死後應受安慰，在地上的有錢人則應受苦，是很自然的事情，亞巴郎說得好像這是大家都知道的道理一樣。

然而，我們應當注意一個訊息，注意富翁與亞巴郎是在死亡後才對話，是個死者與死者之間的對話。我們不知道爲何富翁跟亞巴郎說話，而不直接要求拉匝祿，或許是，富翁不好意思向那個多次在他家門口渴望著碎屑、卻始終沒有得到照顧的拉匝祿開口。也或許是富翁從一開始，就想利用亞巴郎的地位，總之，富翁是向亞巴郎提出要求的，而且，兩人間的談話是讓人嘖嘖稱奇又難以想像。

第一次的對話是個物質方面的要求，兩者的一問一答，讓我們了解富翁在死亡後面臨的改變：孩子，你應記得你活著的時候，已享盡了你的福，而拉匝祿同樣也受盡了苦。現在，他在這裡受安慰，而你應受苦了。亞巴郎否定富翁的要求，因爲富翁沒有任何的理由要求，況且他提出的也是不可能的祈求。而遭到拒絕，也讓他更痛苦，沒有任何希望可以改變現狀，富翁被關在深淵之中，那比任何的銅牆鐵壁或是門閂都更有效，更何況他的要求：一滴在手指上的水，能帶來的滋潤極少而且效果很短暫，並不能解決什麼。這樣的描寫，主要是讓我們意識到，富翁生活狀況的改變，而且這改變，按邏輯來看似乎是合理又恰當。

富翁和亞巴郎第二次的對話，則是進入到內在的思緒，而且跟第一次的問答有關。讓人驚訝的是，富翁在地獄裡有了好的思想，但也不是了不起的愛德表現，畢竟他還是停留在爲自己家人著想的層面，不過已經很不錯了，已是超過自身之外的愛情了。其實，這樣子的關懷照理說，不會在地獄裡冒出來，如果富翁生前有這樣子的情懷，那他就不可能會下到地獄了。或許這正是作者要暗示的地方，此處的「地獄」並不是我們平常所想的地獄，但對此我們也無法進一步的評論與了解，只能注意對話的內容爲何。

故事到了第二次對話時，富翁似乎接受生活狀況改變的事實，接受這已是無可挽回的事，因此他害怕在他五個兄弟身上，也重覆一樣的情況，他希望兄弟可以預先得到忠告，避免這事再發生。不過亞巴郎的答覆很清楚：他們有梅瑟（摩西）和先知可以聽從。那麼到了此處，似乎讓我們稍稍放心了，喔！富翁的狀況就出在沒聽梅瑟和先知的話，而不是因爲他有錢。但是，富翁到底是不遵守哪一條法律規定呢！我們也看不出有任何的違規。

或許，先知們可以解釋一下，爲何富翁的境遇有了如此的轉變。亞巴郎提到梅瑟和先知時是接著說「聽從他們」，而不是「遵守梅瑟的法律」。先知們有許多優美的言論，事實上是反對富翁的話語，從亞毛斯（阿摩司）開始，還有歐瑟亞（何西阿）、依撒意亞（以賽亞），甚至是耶肋米亞（耶利米）。所以，亞巴郎告訴富翁：「聽從他們好了。」先知們早已清楚地說了，當個富翁至少是件危險的事不是嗎？而且，可能是不對的。那麼，爲什麼還要繼續成爲富翁呢？

接著，來到第三次對話，富翁強調，若派一個死人去警告他還活著的兄弟，他們就能悔改。這是個很普遍的心態：請求一個新奇、稀少、不常有的，而且最好能吸引人、驚動人的勸告。因爲法律是既定的規範，但若是一個死人的勸言，那效果就不一樣了。如果有人從死者中復活、從死亡後回來向我們敘述死亡的情境是如何如何，就會給人很大的影響。但這效果還是短暫的，因爲久而久之人們又會習慣了，這樣的影響並不深刻，過段時間以後，人們又會不以爲意。喔！對！十一點了，又有個人從死者中復活了，於是，那每天的十一點鐘，或是每週五又有個人復活了，如此一來，人們習慣了常有復活者的勸告，那也起不了什麼警醒的作用了。

所以，亞巴郎說得對！他們若不相信梅瑟或是先知，那也不會相信一個從死者中復活的人。因爲財富是具體可見，而且人們較肯定那可算、可量的東西，即使有個從死亡後復活的人，提出擁有財物的危險，人們還是會繼續做一樣事情，並不會有任何改變。眞實的狀況是，福音的作者知道，曾有一個人明白地說了財產的危險，也知道他（耶穌）曾死過而又復活了，而復活後所宣講的道理，卻沒有人相信、聽從。所以，亞巴郎說：「如果不聽從梅瑟及先知，縱使有人從死者中復活了，他們也必不信服。」

態度決定一切

◆

請客應列的名單

◆

接受邀請

◆

赴宴該有的態度

◆

錢財的用與無用

◆

該結好果實

◆

空頭支票不比行動

請客應列的名單

「接到紅色炸彈了！」「你這次要包多少啊？」「嗯，這個同學好久沒見了，不知該不該發帖子給他？」

習慣上，我們總是很仔細地寫下請客要邀請的賓客名單，等到宴會開始後會記錄每個來賓給的紅包金額，爲的是有一天要回覆相同或是再多一點的禮金。而且，很可能我們會請某個人，就是因爲知道他們會給出豐厚的禮金。另一方面，我們也會把自己付出的禮金記得很清楚，爲了看往後是不是收到相同的錢，或是被虧負了，爲了要看別人的友誼是不是眞的。

準備孩子婚宴的父母，很難想像孩子會說：「我們不要請親戚、或你們的同事、或是我們的大學同學，我們想兩桌邀請瞎子、一桌邀請愛滋病人，另外也要邀請一些流浪漢，……。」沒辦法再繼續說下去了，做父親的聽到這裡開始不能呼吸，已經昏過去了。而讀者你可能會說：「眞的！你要我做這麼戲劇化的事嗎？就選在這麼重要的日子嗎？」首先，我沒有說應該在結婚的那一天。第二，這麼戲劇化的事不是我說的，而是福音的話、耶穌說過的事。我不要你做什麼，我只要問你：「你爲什麼要請客？你有什麼目的？你要邀請誰？」這就是比喻所要問的問題：

耶穌也向請他的人說：「幾時你設午宴或晚宴，不要請你的朋友、兄弟、親戚及富有的鄰人，怕他們也要回請而還報你。但你幾時設筵，要請貧窮的、殘廢的、瘸腿的、瞎眼的人。如此，你有福了，因為他們沒有可報答你的；但在義人復活的時候，你必能得到賞報。」（路加14：12～14）

耶穌的話不提婚宴，但對於怎麼安排宴會，他的意見非比尋常。這些話裡的警告、忠言，跨過兩千年依然適用於今日的社會。接下來是我的比喻故事：

有個富翁在一個遙遠的工業市場投下了一筆資金，兩年以後，這個投資出乎意料之外地賺了十倍的利潤。他把這個投資變現，而為了慶祝這個收穫，他設宴邀請朋友、同事、親戚來參加。最後大家都很滿意的吃了一頓，也恭賀他的好運氣，同時，大家也都記下他的名字，為的是記得改次回請他。果然接下來的幾個月當中，他非常忙碌地參加各種宴會，舉辦的人就是那些他之前邀請過的人。有的是因為過年、過節設宴，有的是為了慶祝大病初癒，有的是因猜中了大額樂透、有的是因為有個兒子要結婚了、有的是因為國外唸書的孩子學成歸國了、有的是因為考上了高考、特考了，甚至有的是因為鄰居的孩子幼稚園畢業，……任何一個理由都足以邀請他來參加宴會。大家請了他以後便感到已經回饋了，之後就可放心繼續過自己原本的生活。

只有一次，他參加的宴會上，遇到的受邀賓客跟以往參與過的宴會非常不同。這次設宴的主人是因考上高考而邀請大家一同慶祝，對他而言，考上高考就感覺自己的壓力似乎全釋放了，因為考上高考就可以解決他的生活。對一個只有基本學歷也沒有任何經濟基礎的人而言，這真的非常重要。但是他也沒忘記，在沒考上以前曾過的困苦日子，所以他也願意邀請有同樣困苦的人來參加。於是，他找了小學朋友、同學，特別是他們當中生活狀況較不好的人，還有到他以往住過的地方，尋找最貧窮的人，並且也到市公所打聽附近哪位鄰居家境比較困難、身體比較虛弱。所以，他請的就是這些人。

除了受回饋的富翁之外，所有的賓客都向主人說：「可惜我們不能回請你。」但主人回答：「沒關係，我很高興看到大家幸福的表情。」過了一年，這個考上高考的人車禍死了，而葬禮時沒人來送他最後一程，因為小學的朋友、同學沒聽到這個消息，而曾住過的地方離得很遠，而他住家附近困難、虛弱的人，就是因為困難、虛弱所以無法參加，但是他臨終的時候聽見了一個聲音：「我父所祝福的，你來罷！承受自創世以來，給你預備了的國度罷！因為我餓了，你給了我吃的，……。（瑪竇25：34～35）」

這就是我的比喻。要懂這個比喻並不難，難的是去實行它，從過去一直到現在，從來沒人做到了。

在我知道的婚宴中，所有的習慣和禮貌往來、交換，像是要把自己的婚宴當做分期付款的樣子。假如你下一次想請客時，讓我給你一個建議，不要請朋友、親戚、……等，你可以把這些錢寄到非洲，比方說肯亞，幫助那些患有愛滋病的小朋友們，這樣子在死後、也就是生命絕對的時刻，你也能聽到：「我父所祝福的，你來罷！承受自創世以來，給你預備了的國度罷！……。」

這一個比喻的意義超過任何宴會，講的內容讓我們思考，我們所有的財產是爲了什麼？只是爲了讓我們在擁有生命的這一段時間當中，欣賞它嗎？還是有更多的價值？還是能用在更重要、更永久的事上嗎？

接受邀請

如果有人請你參加一個重要的宴會，而你卻不想去時，你會告訴邀請你的主人什麼理由？而你真正不想去的原因又是什麼？

耶穌不只告訴人，要當主人請客時，應該注意什麼。若是角色轉換過來，改成是受邀的客人，他也同樣提出建議，該有什麼態度和行動。

耶穌赴法利塞人的宴會時，先告訴他們「貧窮的、殘廢的、瘸腿的、瞎眼的人」才是應該邀請的對象，而且還說了：「但在義人復活的時候，你必能得到賞報。」（請見一一七頁）可能是這個原因，同席的人酒足飯飽之餘便再度發問：

有一個同席的人聽了這些話，就向耶穌說：「將來能在天主的國裡吃飯的，纔是有福的！」耶穌給他說：「有一個人設了盛宴，邀請了許多人。到了宴會的時刻，他便打發僕人去給被請的人說：請來罷！已經齊備了。眾人開始一致推辭。第一個給他說：我買了一塊田地，必須前去看一看，請你原諒我。另一個說：我買了五對牛，要去試試牠們，請你原諒我。別的一個說：我纔娶了妻，所以不能去。僕人回來把這事告訴了主人。家主就生了氣，給僕人說：你快出去，到城中的大街小巷，把那些貧窮的、殘廢的、瞎眼的、瘸腿的，都領到這裡來。僕人說：主，已經照你的吩咐辦了，可是還有空位子。主人對僕人說：你出去，到大道上以及籬笆邊，勉強人進來，好坐滿我的家。我告訴你們：先前被請的那些人，沒有一個能嘗我這宴席的。」（路加14：15～24）

耶穌參加宴會時，對同席的賓客說過很多比喻，甚至就直接用「宴會」當比喻的主題，現在這則正是所有關於宴會的比喻當中，最耀眼的一個。

不過，讓人有點困惑的是，爲什主人需要再三邀請。其實這就像有個主管或是朋友，先通知我們，最近會找個時間請客，然後就不再有任何消息，直到廿天以後，突然來了個邀請說「一切都準備好了。」這似乎很平常，我們並不會把請客這件事一直放在心上，在耶穌的時代大概也是如此。因爲沒有人會爲了等待宴

會、等待著別人的邀請，就沒事可做。而這或許也提醒了我們，「貧窮的、殘廢的、瘸腿的、瞎眼的人」正因爲他們沒事可做，所以會趕快接受邀請，而這個盛大的宴會，最後赴宴的人就是這些人，因爲他們無法買田地、無法買五對牛、……。

這個比喻最重要的在於受邀者和他們的態度，耶穌也告訴我們誰接受了、誰不接受他的請客。那麼先來看拒絕邀請藉口爲何呢？「我買了一塊田地。」這不是個好藉口，假如田地已經買了，那何必非得今天看呢？第二天看也可以呀！田地不會在一個晚上消失或是變老。同樣的，「我買了五對牛。」也不是個好藉口，牛也不會在一個晚上變老或是失去力氣，眞是如此，那你今天去試試牠們有什麼用呢！因爲第二天還是一樣的。「我剛剛結婚了。」這是個最壞的藉口，結婚不是一個突然做的決定，假如你明知道有人要邀請你，你會安排，把兩件事錯開，這些問題其實都有解決的辦法。

假如是陌生人的邀請，這些藉口可能還說得過去，但如果面對的是一個重要的、受尊重的邀請者，那就是一點也沒辦法說服人的理由。除非是看不起邀請，也就是說看不起邀請者。比喻要講的好像就是這點，主人的最後一句話說得相當清楚：「我告訴你們：先前被請的那些人，沒有一個能嘗我這宴席的。」邀請者覺得被侮辱了，自己還不如一塊田地、或是五對牛、更不用說還不如一個女人，我們可以體會他爲什麼要生氣。

不能拒絕的邀請

話說回來，邀請者還是有著優越感的不是嗎？因爲沒人有義務要接受邀請啊！不過，我說的是法律上的義務，但在朋友之間或是在社會當中往來的禮貌，卻有義務。所以有些邀請絕對不能拒絕，就是因爲邀請者很重要。

那麼來看主人，究竟這是怎麼樣的宴會？誰是提出邀請的人？「將來能在天主的國裡吃飯的，纔是有福的！」在地上舉行的宴會裡，和我們同席的這位跟我們講清楚了這一點，只是我們分心了，想到牛、田地、婚姻、……等等。對了！我們眼前已經講得夠明白了，這裡說的是在末日的宴會，天主在世界結束後，要給祂選的人安排的宴會，這是以色列人一直渴望參加的宴會，這讓我們了解到邀請的人是誰，是多麼地偉大！而這正是祂在面對如此薄弱的藉口時，很不高興的原因。這也說明了，爲什麼三度邀請，第一次是一般常有的邀請，所有的人都可參加，這原是天主的計劃，但遭到罪破壞了以後，天主修改計劃，雖然還是邀請所有的人參加，但很多人還沒有聽到、沒有收到通知。不過有些人知道這個宴會且一直渴望著，至少在他們的祈禱當中是這樣說的：有一個民族準備走向宴會。但是邀請眞的到時，全都是藉口，路充滿了荊棘，因此無法走。

我們還記得撒種比喻中的荊棘嗎？財富、生活的忙碌，……現在具體變成幾對牛、田地，這些就是阻礙人接受邀請，甚至是認不出邀請的荊棘。但是，第三個拒絕的理由，婚姻，原本不是好事嗎？是！婚姻是好事，但是假如是引人走向滿足欲望和生活的娛樂，那就會模糊了道路、阻礙了天國宴會的邀請。

知道了誰邀請、誰不接受，那們接下來該問的是，誰參加了宴會？誰接受了邀請？當然是那些貧窮的、殘廢的、瞎眼的、瘸腿的人，也就是本來耶穌提醒過，應該要邀請的人，因爲他們不忙，他們沒有牛或田地要去看，也沒有錢，於是連結婚的可能性也沒有。可是，這些人當中也有羞澀、不敢接受邀請的，他們知道自己再窮，也要禮貌性拒絕前兩次的邀請。爲了向這些人保證，是眞正邀請他們，主人才交代僕人說：「你出去，到大道上以及籬笆邊，勉強人進來，好坐滿我的家。」直到第三度邀請，家裡才全坐滿了，首度邀請是完全失敗，再度邀請有部份成功，到了第三次才全滿了。

這個圓滿的結局，用了最吸引人的詞彙來表達：「直到坐滿我的家」。是坐滿一個家庭而不是一個餐廳，是一個溫暖、溫馨的、充滿家庭氣氛的家、是一個父親的家，不只是屋子中的餐廳而是整個家。到了這個地方，講話的人已不是請客的人而是耶穌，也許也可說連耶穌也不是，而是天父藉著耶穌講話，因爲祂願意祂的家滿了。因此，爲了達到這個境界、要使我們肯定、了解祂的邀請是眞的，祂首先使地球擠滿了人，祂派遣的不是任何一個僕人，而是祂的聖子。

所以，耶穌的行動、他的來臨提醒我們參加原本受邀的宴會。這個邀請，先是給以色列民族，但以色列人棄絕了，尤其是他們的領導人，所以他應該去尋找別人。可是我們別高興得太早，假如我們非猶太人受邀也接受邀請，是因爲我們是貧窮的、殘廢的、瞎眼的、瘸腿的人，那麼我們若不保留這樣子的態度，邀請可能就會從我們眼前溜過。從這個角度來看，無論講什麼藉口並沒有關係，其實只是爲了提醒我們哪裡會是阻礙、哪些是阻礙種子生長的原因。

這個比喻的確有一點急迫的氣氛，不能一直等而要給一個答覆。宴會已經準備好了，不能先安排自己的事再參加宴會，而該趕快接受這個邀請，免得有人佔了我們的位子，或是造成我們的位子永遠變成空的。在另外一個地方耶穌說：

「你們竭力由窄門而入罷！因為將來有許多人，我告訴你們：要想進去，而不得入。及至家主起來把門關上，你們在外面站著，開始敲門說：主，請給我們開門罷！他要回答你們說：我不認識你們是那裡的。那時，你們會說：我們曾在你面前吃過喝；你也曾在我們的街市上施教過。他要說：我告訴你們：我不認識你們是那裡的；你們這些作惡的人，都離開我去罷！幾時你們望見亞巴郎、依撒格、雅各伯及眾先知在天主的國裡，你們卻被棄在外，那裡要有哀號和切齒。將有從東從西、從北從南而來的人，在天主的國裡坐席。」

（路加福音13：24～29）

這就是我們說的，接受邀請、參加宴會。

赴宴該有的態度

耶穌也接受人的邀請，甚至主動讓人請他吃飯，他趕赴一場又一場的宴會。這樣說或許有點誇張，但在耶穌的時代，則更是令人驚訝。

雖然我們不知道耶穌吃些什麼、吃了多少，但看起來他是有什麼吃什麼。很多人把他當成嗜吃嗜喝的人，認為他不是來自天主，畢竟跟他的祖先厄里亞、厄里叟還有很多偉大的先知比起來相差太多了，連跟他年代相近的若翰洗者都吃過蝗蟲和野蜜度日，絕對不像他那樣。

耶穌在這方面的名聲不好，不是每個人都樂見他接受邀請，尤其是看誰請他吃飯，一些人認為他是稅務員和罪人的朋友。每次耶穌跟稅務員一起吃飯，法利塞人總是在一旁竊竊私語。但法利塞人也請耶穌吃飯，只是在席中還是繼續打量著他。福音中提到耶穌進法利塞人家中吃飯的次數比到稅務員家還多。這也沒什麼好特別的，反正法利塞人是「好人」，他們一輩子都是「好人」。

以色列的先知，早就用「宴會」來形容默西亞時代的豐富，而到了耶穌的時代，參與宴會也是很生活化的社交活動，可能因這個原故，耶穌的比喻有很多拿宴會當題材，但要表達的看法和方向已和先知不同。

這裡又來了一個耶穌對法利塞人說的比喻：

耶穌又開口用比喻對他們說：「天國好比一個國王，為自己的兒子辦婚宴。他打發僕人去召被請的人來赴婚宴，他們卻不願意來。又派其他的僕人去，說：看，我已經預備好了我的盛宴，我的公牛和肥畜都宰殺了，一切都齊備了，你們來赴婚宴罷！他們卻不理：有的往自己的田裡去了，有的作自己的生意去了；其餘的竟拿住他的僕人，凌辱後殺死了。國王於是動了怒，派自己的軍隊消滅了那些殺人的兇手，焚毀了他們的城市。然後對僕人說：婚宴已經齊備了，但是被請的人都不配。如今你們到各路口去，凡是你們所遇到的，都請來赴婚宴。那些僕人就出去到大路上，凡遇到的，無論壞人好人，都召集了來，婚宴上就滿了坐席的人。國王進來巡視坐席的客人，看見在那裡有一個沒有穿婚宴禮服的人，便對他說：朋友，你怎麼到這裡來，不穿婚宴禮服？那人默然無語。國王遂對僕役說：你們捆起他的腳和手來，把他丟在外面的黑暗中：在那裡要有哀號和切齒。因為被召的人多，被選的人少。」（瑪竇22：1～14）

有一個宴會、有一些邀請、有人棄絕、有新的客人，這些情節和前一個主人邀宴，但客人卻不來的比喻（請見一二二頁）很相似，但也有一些差別，值得好好注意。

首先，現在是一個國王的邀請，因此我們從一開始就清楚知道，邀請的人是權威人士，那麼不願意參加的人，到底對這個偉大的人表現出哪些輕視。我們說過，可以不參加一個宴會，但請客的人若是位國王，那不赴宴可能就是很危險的事，甚至會引起國際危機，如果是國王境內的人，還要小心他的報復，況且這不是一個普通的宴會，而是一個國王兒子的婚宴。到這裡，我們有了另一個題材，婚姻，來描寫天主和他的民族之間的關係。

這不是隨隨便便的一個宴會，甚至也不是默西亞豐富、快樂的宴會，而是國王親自參加的宴會（國王也是一種形象，描寫天主在以色列中的臨在）。這是天主

和祂的子民密切的盟約，是用天主和祂子民的婚姻比方來呈現，然而子民卻找藉口不願參加，不願參加自己的婚宴，眞是令人不可想像、荒謬的事。

另外，邀請的同時，也提出一個菜單（好像菜單），讓受邀的人可以想見宴席的菜餚豐富、好吃，國王不吝安排了一個眞正國家級的宴會，公牛、肥畜、……等，一切都準備好了，不只是個國王安排的婚宴，也是個與國王地位相稱的宴會，照說人們應是爲了進入宴會而大排長龍，……不！是有人排著隊伍要離開到別的地方去。

在這個瑪竇福音的版本裡，沒有發揮什麼不赴宴的藉口，似乎路加（路加福音作者）寫的主人邀宴、客人卻不來的比喻，較有戲劇頭腦，他運用田地、五對牛、婚姻等理由拒絕參加。然而，瑪竇（瑪竇福音作者）講的只是個籠統的藉口，卻好像更得罪人。路加版本的比喻中，我們看到的是個臨時發生的事，雖然拒絕赴宴的人，沒什麼好藉口，但勉強說起來，那個邀約本來也是個突如其來的情況。而在這裡，瑪竇的比喻就不是這樣了，大家都像每天早晨去上班一樣，用這種普通、一點也不特別的例行公事來拒絕，似乎是故意不接受邀請、好像本來就不想理會邀請者，所以無需準備什麼藉口，就當作沒有受人邀請，就當作邀請者是隨便任何的一個人。

更過分的是，一聽到邀請的人，竟然虐待起僕人還殺掉他們，似乎不接受還不夠，他們還要明白表示，根本不在乎國王是誰、根本不管僕人代表的是誰，這已不是冷淡的例行公事，這是一種叛亂，直接使用暴力殺掉僕人。我們看到一個十分荒謬的情景，那就是殺掉帶好訊息的人，還不是帶壞消息的人，很明顯地，這只能有一個意義，做這事的人想要表達和邀請者（國王），一點關係都沒有，也不願和國王有任何瓜葛，所以國王會動怒，也是很自然的反應。

這段敘述在日後慢慢轉成了隱喻，因爲在它之後的歷史演進，延伸了它的意義。時至今日，我們發現那些不願意參加的人、那些叛亂的人都住在同一個城市、一個不同於國王住的地方，這個城市慢慢地有了耶路撒冷的外貌，我們開始可以看出，比喻描繪的就是耶路撒冷，那些不願意參加婚宴的人，就在這裡殺掉了天主派遣的人，因此下一刻，國王派遣軍隊殺掉那些兇手、燒掉他們的城市。

這個故事有些部分前後不符，因爲不管國王有多忿怒，他應該先吃完晚餐，之後再施行應有的懲罰。如果按照比喻敘述的順序，那等到開飯時，菜都已經冷了、肉都已經腐敗了，實在不應該浪費公牛、肥畜等等美味的佳餚，即使是國王款待，也不是天天都有山珍海味。

事實上這是歷史的經驗，從基督徒的立場來說，猶太人棄絕耶穌，也是棄絕天主爲了帶給人邀請的訊息、邀請人參加祂的婚宴，而派遣的最後一人，這是耶路撒冷棄絕天主邀請最後的一筆劃。於是懲罰是，羅馬將軍弟鐸毀滅耶路撒冷，弟鐸就是在公元七十年燒掉耶路撒冷城。所以，這個比喻的敘述，似乎暗示了這件事。不過，這樣一來，婚宴要等到七十年後才會開動、才能吃完這頓大餐，這就是我剛剛所說的，前後不符的地方。

因這個原故，國王首度邀請的人，他們的判斷很嚴重、他們不值得參加這個宴會。比喻講的不只是一種可能性，而是在講具體的人，尤其是當時猶太人的領導者，他們很多年來都在找藉口。現在時間到了，應該要找別的人來參加宴會，僕人到各個路口去邀請所有的人，好壞不分。而在比喻當中，並沒提到貧窮的、殘廢的、瞎眼的等等的人，而是邀請所有的人，直到把婚宴的坐位給坐滿。是！這個敘述比較符合國王的安排。雖然我們仍會感謝偉大國王的邀請，但是，我想人們還是會比較想念那個坐滿了人的家吧！

我們不必訝異，國王好像檢查國事一般，下到宴席中察看一番。反正是國王兒子的婚宴，國王進來看一看有誰參加也是合乎常理。也不用再問爲什麼有個人沒穿禮服就進去，人走在街上是不會隨身帶著包行李（包括一套禮服），只爲了萬一突然被邀請。特別是宴會邀來各色各樣的人、好壞都邀，這不必想，也沒有什麼理由，也沒什麼基礎，甚至還可以想像一下這可笑的畫面，國王派僕人在門口發給大家一個制式的禮服（本來合身的衣服才能叫做禮服），假如是這樣子，那個不穿禮服的人眞的那麼笨嗎？沒有注意到這一件事情嗎？所以，這樣子的想像是不需要的。

比喻的第一個重點是，不應該棄絕國王的邀請、拖拖拉拉不答覆，而是該有行動，趕快接受邀請、參加婚宴。比喻的另一個重點則是，應該要穿著適合的服裝才能赴宴，否則不能隨便進入。

爲什麼要加上這一段？可能是因狀況改變了，在耶穌的時代以後，也就是進入到初期教會的幾十年後，宴會中同席吃飯的人已經改變了，或許這正是路加福音記載，主人邀宴、客人卻沒來（見一二一頁）的比喻所要解釋的一個現象：爲什麼在猶太人建立的教會中，猶太人卻非常少，而外邦人卻很多？但是這之後有了另一個問題，那就是新來的人，認爲這宴會是一個很自然的事，卻沒抱著一個新的、好的態度入席，還是繼續穿著那些破爛的衣服。在此需要換個角度提醒每個人，對著他的良心鏡子看看自己。

錢財的用與無用

比喻不是整個內容都要與事實做一個對比，而是整個故事當中只有某一部分可與事實對比，我們應該注意這點，免得到處尋求對比，或是有了不該有的驚訝。另一方面，比喻的故事中，充滿著好與壞，如同我們實際的生活經驗，而人也是這樣。

可以確定的是，在我們的週遭，確實有些人是壞榜樣、負面教材，但即使認定他們是壞人，在他們身上也還有讓人學習或是引以爲戒的一些事。

這裡就有個故事，談的是一個不忠信的管家，在得知主人要把他革職以後，趁著還沒離開管家的職位前，趕緊用主人的錢財攏絡其他人的心，替自己預留後路。

耶穌又對門徒說：「曾有一個富翁，他有一個管家；有人在主人前告發這人揮霍了主人的財物。主人便把他叫來，向他說：我怎麼聽說你有這樣的事？把你管理家務的賬目交出來，因為你不能再作管家了。那管家自言自語道：主人要撤去我管家的職務，我可做什麼呢？掘地罷，我沒有氣力；討飯罷，我又害羞。我知道我要做什麼，好叫人們，在我被撤去管家職務之後，收留我在他們家中。於是，他把主人的債戶一一叫來，給第一個說：你欠我主人多少？那人說：一百桶油。管家向他說：拿你的賬單，坐下快寫作五十。隨後，又給一個說：你欠多少？那人說：一百石麥子。管家向他說：拿你的賬單，寫作八十。主人遂稱讚這個不義的管家，辦事精明：這些今世之子應付自己的世代，比光明之子更為精明。」

（路加福音16：1～8）

耶穌當然不是要人效法這個管家濫用他人的財物。他是以反諷的方式讚美管家，連這樣一個不忠實的管家都知道要未雨綢繆，我們當要爲天主的國做準備。

我曾聽過一個滿有趣的說法。有人說道：這個管家並沒有辜負他的主人啊！他只不過是沒有向債戶收取佣金罷了，他只是放棄了他自己所能得到的佣金。我覺得這個說法有點奇怪，也可以說是多餘的解釋。好吧！如果我們假設管家的作法，是扣除佣金，那麼一百石麥子只收取八十，表示佣金的比例是百分之廿五，這可是相當高的佣金。若是一百桶油只收取五十，那可就是百分之百的佣金比例了。五十桶的油，要收取五十桶的佣金，這種不當的獲利，可算是犯罪的行爲了。如果眞的只是管家放棄佣金，那表示主人並沒損失什麼，問題只出在爲什麼要訂這麼高的佣金比例呢？另外，還可以問的是，如果這些債戶都直接向管家繳交債務，那麼管家又何必緊張呢？這些佣金還是屬於他的呀！那他爲什麼要開始想到，運用會計帳務的技巧，來保護自己的未來呢？不管如何，這個管家是個不忠實的管理者。

這個管家似乎不像一般的小偷，直接竊取，而是以一種聰明狡猾的方法，慷主人的慨，用主人的財產，爲自己賺得益處。他並不是趁著月黑風高，偷竊主人所有的財物，然後就此銷聲匿跡、遠走高飛，或許是因爲他沒能力帶走五十桶油和二十石的麥子吧！這個管家的問題，似乎較偏向疏忽的態度，看樣子他是個不太細心的人，很可能他不是亂用主人的財產，而是管理方式不夠周密，也不是要把主人的財產，轉到自己在瑞士開的個人帳戶名下，如果是這樣的話，那麼在故事中，他也不需要爲未來的日子做準備了，更不會有這個比喻了。

管家決定用別人的財物去獲取自己的好處，這個想法一點也不奇怪。也可以說他對自己有一定程度的認識，所以不準備將來做掘地的工作。說得諷刺點，這表示他身爲管理者，似乎過著相當悠閒的生活，還因此留下一個相當可觀的肚子。也或許這個管理職務，並不能幫他鍛練更強健的體魄、拿起鋤頭掘地，更不會幫他訓練出一身好筋骨、可以連續彎腰掘地好幾個鐘頭。管家的這句話：「掘地罷，我沒有氣力，」對他自己的了解的確滿實在的。他接著又說：「討飯罷，我又害羞。」當然，從這句話我們可以了解，他不是個「黑手」，他可是個白領階級的管理者，而且有一定的社會地位，雖不是權位高高在上的人物，但也不能坐在會堂的門口討飯。此外，在當時的社會環境之下，「討飯」這份工作，可以說是唯一的社會福利救濟，所以他不適合也沒面子去做。

作完這些自我評估後，他開始憂慮該怎麼辦是好。他腦筋動得很快，轉、轉、轉，於是想出了一個很理想的方法，而且似乎是連主人也都贊同的行動。然而，他結束問題的方法、行爲，其實也是他原有的問題：如何管理主人的財務？所以，他趁主人的財物還在他的手裡掌管時，在還有時間時，趕緊加以運用。這個「還有時間」是了解這個比喻故事很重要的關鍵字。我們應該注意到比喻裡的某些細節，還有之後關於這個比喻的所有解釋。

在故事當中，有個值得注意但又不太清楚的細節，那就是我們並不知道這個比喻，是耶穌在哪個地方講的比喻。我們將故事先寫到第八節：「主人遂稱讚這個不義的管家，辦事精明：這些今世之子應付自己的世代，比光明之子更為精明。」暫告一個段落，但或許到這一節的前半句：「主人遂稱讚這個不義的管家，辦事精明。」就可以結束了。因爲後半句：「這些今世之子應付自己的世代，比光明之子更為精明。」比較像是爲了解釋前面內容而說的話。要是連上半句也能當做解釋的話，那麼我們應該討論，這句話裡「主人」是指誰呢？是比喻中要把管家革職的「主人」呢？還是講這個比喻的「主」呢？

假如是比喻中的「主人」，那麼應該承認，這個主人是贊成不忠信管家的做法，他了解到自己會蒙受的損失，不過他還是承認管家是個聰明人。但是，如果整個第八節都是在解釋的話，也就是耶穌自己就是講這句話的人，那麼是耶穌自己說這個作法很聰明。

在這節故事的末尾，說到有光明的人、有了解世界的人。光明之子的意思，就是那些追隨耶穌、有理智且屬於這世界的人，也是那些生活在世界，可是不夠了解世事的人。

故事接下來是：

「我告訴你們：要用不義的錢財交結朋友，為在你們匱乏的時候，好叫他們收留你們到永遠的帳幕裡。在小事上忠信的，在大事上也忠信；在小事上不義的，在大事上也不義。那麼，如果你們在不義的錢財上不忠信，誰還把真實的錢財委托給你們呢？如果你們在別人的財物上不忠信，誰還把屬於你們的交給你們呢？沒有一個家僕能事奉兩個主人的：他或是要恨這一個而愛那一個，或是要依附這一個而輕忽那一個：你們不能事奉天主而又事奉錢財。」愛財的法利塞人，聽了這一切話，便嗤笑耶穌。耶穌向他們說：「你們在人前自充義人，但是，天主知道你們的心，因為在人前是崇高的事，在天主前卻是可憎的。」（路加16：9～15）

這邊提到一個對錢財相對消極的看法，錢財不義，因爲有個更重要、更有價值的東西；因爲有一個比錢更大的，而其他將退居其後。於是，錢只是一個代碼，只是爲了在這個世上，得到好處。所以，世上的錢財也沒什麼不好，但要知道好好善用它們。不過，所謂的善用就是用來幫助所有的人，而不是爲自己的利益；所謂善用，就是爲了得到永生。這樣子的話會結交到更多的朋友、會被接待到永遠的帳幕之中。我們若能在此世善加管理天主的受造物，將會被收留到永生之中。

而且，應該要趕快行動，不能浪費此許時間，趁我們還在管理財物的職位時，在我們產生一些不正義的財物情況底下，要趕快工作。我們可在比喻之中，看到這樣子的急迫性，因爲，管家給第一個債戶說：拿你的賬單，坐下「快」寫作五十。讓我們想想，更改、書寫這張帳單，多寫幾分鐘有什麼關係呢？……可能是因爲天堂不能等待。

該結好果實

接下來是一連串福音的記載，內容的變化不輸電影緊湊的情節，特別是這些記錄，都是耶穌被釘十字架前，進入耶路撒冷城以後發生的重要事件，也是他走向死亡的過程，而比喻就夾在當中。

首先，有一些群眾熱烈歡迎耶穌進入耶路撒冷城，但那場面很可能不是我們想像的那麼偉大、像君王凱旋進城一樣，但至少是個公開的事件。於是，很多人注意到這件事，也引起統治者羅馬人的注意，還使得那些與羅馬人合作的猶太人，也就是那些司祭長和公議會的長老們，開始緊張。

當他們將近耶路撒冷，到了貝特法革和伯達尼，在橄欖山那裡時，耶穌就打發兩個門徒，對他們說：「你們往對面的村莊裡去，一進村莊，立時會看見一匹拴著的驢駒，是從來沒有人騎過的；把牠解開牽來。若有人對你們說：你們做什麼？你們就說：主要用牠，但是會立刻把牠牽回這裡來。」他們去了，便見一匹驢駒，拴在門外街道上，就把牠解開。在那裡站著的人，有人對他們說：「你們解開驢駒作什麼？」門徒就按照耶穌所吩咐的對他們說了；那些人遂容許了他們。他們把驢駒牽到耶穌跟前，把自己的外衣搭在上面，耶穌就騎了上去。有許多人把自己的外衣，另有些人把從田間砍來的綠樹枝，鋪在路上，前行後隨的人，都喊著說：「賀三納！因上主之名而來的，應受讚頌！那要來的我們祖先達味之國，應受讚頌！賀三納於至高之天！」

（馬爾谷11：1～10）

這之後重頭戲就來了，耶穌白天進耶路撒冷，晚上便出城休息，往返的途中，處處有他說故事可用的題材。

耶穌進了耶路撒冷，到聖殿裡，周圍察看了一切，時辰已晚，遂同十二門徒出來，往伯達尼去了。第二天，他們從伯達尼出來，耶穌餓了。他從遠處望見了一棵茂盛的無花果樹，就上前去，看是否在樹上可以找到什麼；及至走到那裡，除了葉子外，什麼也沒有找著，因為還不是無花果的時節。耶穌就開口對它說：「永遠再沒有人吃你的果子了！」他的門徒也都聽見了。他們來到耶路撒冷。耶穌一進殿院，就開始把在殿院裡的買賣人趕出去，把錢莊的桌子和賣鴿子的凳子推翻，也不許人帶著器皿由殿院裡經過，教訓他們說：「經上不是記載：『我的殿宇將稱為萬民的祈禱之所』麼？你們竟把它作成了賊窩。」司祭長和經師聽了，就設法要怎樣除掉他，卻又害怕他，因為全群眾對他的教訓驚奇不已。到了晚上，他們就出了城。早晨，他們從那裡經過時，看見那棵無花果樹連根都枯乾了。伯多祿想起來，就對耶穌說：「師傅！看，你所咒罵的無花果樹已枯乾了。」（馬爾谷11：1～21）

我們剛剛已提到，耶穌進入耶路撒冷城，引起了某種程度的歡迎與關注，接著有了無花果樹的事件。這是一個行動中的比喻。什麼是行動中的比喻呢？例如，路加記錄這件事，不是跟著上下文走一筆帶過，反而是把它當作獨立的比喻。行動中的比喻，是具有象徵意味的行動，例如，先知耶肋米亞打碎了一個陶器，這是爲了讓人民知道，他要預報的事件；或是在經文另一處，他做了一個鐵製的軛放在頸子上，來代替原是木製的軛，做爲預報的象徵性行動。

同樣的，無花果樹乾枯，也帶有這種象徵的意涵。所以我們無需問：到底這棵無花果樹，做了什麼壞事，才遭到這樣的懲罰。要知道，它不具有做好事或壞事的可能性，更不是個懲罰的對象，它純然是個象徵物。也因爲這個象徵，讓我們聯想到後來在聖殿發生的事。

聖殿裡的賣賣

耶穌到了聖殿以後，見到許多的商業活動，這如同無花果樹，有著茂盛的枝葉，但卻沒結出果實。但耶穌並沒有立即處理聖殿的問題，沒有立刻讓樹乾枯。他又以另一個意味象徵的行動，把在聖殿中做買賣的人驅趕離開，還推翻了換錢的桌子。乾枯的無花果樹，是一個清晰可見的象徵，雖然耶穌目前只是把商人從聖殿給趕走，但若是他們仍舊不結果實、仍舊不幫助聖殿，把它當做是一個爲所有民族祈禱的場所，那麼有一天它也會乾枯的。

耶穌把商人從聖殿裡趕走，也引起司祭長的反感，因爲正是有宗教性的活動，才會附帶這些商業活動，怎麼說呢？耶路撒冷的聖殿，不只是個建築物，還包括庭園和至聖所。而最外面的庭園稱爲外邦人庭園，不只是猶太人可以進入，

就連外邦人，也可以進入此一地區。於是，就在這個區域，商人聚集成一個市集，就連聖殿四周的房舍，也提供房間給那些販賣祭品或是換錢的人員。

讓我們想想，假如能在聖殿裡買到要奉獻的牛或是羊，那麼我們會從自己的家鄉，大老遠牽牠們來耶路撒冷嗎？更何況還要處處提防，不要走到撒瑪黎雅人或是外邦人的地區，以免玷污祭品，不潔的祭品就不能奉獻給天主了。因此，爲了避免那麼多的不便，有些人就會在聖殿的門口或是在四周的房間裡，販賣可奉獻給天主的祭品。當然，是會比平常貴一點的囉！雖然這些東西是爲了宗教祭祀的用途，但商人還是要賺一點錢，那麼，更不用說，把這些場地租給商人的司祭們，會從中獲取利潤。

再說換錢這件事吧！奉獻給天主的錢幣，當然不能是印著羅馬皇帝凱撒或是外邦人神像的錢幣，因爲這些錢幣，是直接反對十誡中的第一條：你要欽崇唯一的天主，在萬有之上。所以應該有個換錢幣的地方，讓來獻祭的人換到沒有任何偶像崇拜色彩的錢幣，奉獻給天主。那麼和買祭品一樣，在換錢的交易中，也得多付一點錢囉！其實這種換錢的服務，也能移至離聖殿幾公里以外的地方，但這樣一來，司祭長也就不能從中收取一些場地費和手續費了。耶穌驅逐商人的行動，對司祭長而言，既讓他丟臉，也沒了賺頭，這是擋他財路、反對他權利的行動。因此，司祭長要趕快想些辦法來對付耶穌，這個所謂來自納匝肋的先知。

這之後，不死心的司祭長開始刁難耶穌，想辦法要抓耶穌的把柄：

他們又來到耶路撒冷。當耶穌在殿裡徘徊時，司祭長、經師和長老來到他跟前，對他說：「你憑什麼權柄作這些事？或者，是誰給了你權柄作這些事？」耶穌對他們說：「我也要問你們一句話，你們回答我，我就告訴你們：我憑什麼權柄作這些事。若翰的洗禮是從天上來的，還是從人來的？答覆我罷！」他們心中思量說：「若我們說：是從天主來的，他就要說：那麼你們為什麼不信他？但我們怎敢說：是從人來的呢？」—他們是害怕民眾，因為眾人都以若翰實在是一位先知。他們便回答耶穌說：「我們不知道。」耶穌也對他們說：「我也不告訴你們：我憑什麼權柄作這些事。」（馬爾谷福音11：27～33）

耶穌這個答覆，不但有技巧更是避免了刁難。耶穌請求他的敵對者司祭長等人的回答，如果他們沒有負責任的回答，那麼耶穌也不保證會以負責的態度，來回應他們。於是，面對司祭長等人的回覆，耶穌也是什麼都不說。不願意回覆、拒絕回答，這應是對司祭長等人一記警告，要他們反省自己的態度。

耶穌是用一則比喻，真正回答他們的問題：

耶穌開始用比喻對他們說：「有一個人培植了一個葡萄園，周圍圍上籬笆，掘了一搾酒池，築了一座守望台，把它租給園户，就離開了本國。到了時節，他便打發一個僕人到園户那裡，向園户收取園中的果實；園户卻抓住他，打了他，放他空手回去。主人又打發別的一個僕人到他們那裡去；他們打傷了他的頭，並且凌辱了他。主人又打發另一個，他們把他殺了；後又打發好些僕人去：有的他們打了，有的他們殺了。主人還有一個，即他的愛子；最後就打發他到他們那裡去，說：他們必會敬重我的兒子。那些園户卻彼此說：這是繼承人，來！我們殺掉他，將來產業就歸我們了。於是，抓住他殺了，把他拋在葡萄園外。那麼，葡萄園的主人要怎樣處置呢？他必來除滅這些園户，將葡萄園另租給別人。你們沒有讀過這段經文嗎？『匠人棄而不用的石頭，反而成了屋角的基石：那是上主的所作所為，在我們眼中神妙莫測。』」他們明白這比喻是指他們說的，就想逮住

他；但害怕群眾，於是，離開他走了。（馬爾谷12：1～12）

這個比喻共有三個版本，瑪竇、馬爾谷、路加三部福音中都有提到，這顯示，從教會一開始，這就是個相當重要的比喻了。而且，這個比喻清楚保留著當時所有的生活背景。

這段話的大部分內容，是引自依撒意亞先知的話（依撒意亞5：1～7），而先知也曾解釋過自己的比方：以色列就是上主的葡萄園。耶穌的比喻也是跟著這個圖像、用葡萄園來表達以色列。這個葡萄園原是委託給一些園丁管理，但是這些園丁卻不忠實，更成了兇手，於是天主要把這個葡萄園，從他們手中收回，然後交給那些會按時節繳交果實給主人的園丁們。比喻的解釋，就是要從那些有權柄、管理以色列的人手中，取回權力，要把他的葡萄園，給另外的一些人。這些質問耶穌有何權柄的司祭長、經師和長老們，很明顯懂得這個比喻的意義，所以就想要抓住耶穌，正如末了，「他們明白這比喻是指他們說的，就想逮住他；但害怕群眾，於是，離開他走了。」

「匠人棄而不用的石頭，反而成了屋角的基石：那是上主的所作所為，在我們眼中神妙莫測。」則是引自舊約《聖詠》一一八章二十二至二十三節，卻把整個內容弄得更複雜難懂。拿出這段話，是為了要解釋將即將要發生的變化。當時有權力的人棄絕、反對耶穌，然而天主卻給耶穌權力。所以說，當時既然司祭長等人，不承認若翰的洗禮具有天主的權威，那麼，他們怎麼可能會接受，耶穌有天主子的地位、權柄呢！因此，司祭長等人不忠實的管理，就會像不結果實的無花果樹一般乾枯、死亡，成為歷史的塵埃。

如果把這個比喻當做隱喻的話，那麼內容就更不易懂了。福音作者在編寫這個比喻的時候，已經發生了耶穌受難、死亡的事件，而且他也已有復活基督的體驗，因此在比喻當中，最後一位向園丁收取果實的人，就是主人的兒子。瑪竇福音和馬爾谷福音更敘述說：先把主人的兒子丟到葡萄園外，然後再殺了他。如同耶穌一般，死在耶路撒冷城之外一樣。

那麼主人來到，把葡萄園另租給別人，這樣的改變是全部人民的改變。那時，新以色列人更多了，這不是因天主除掉了原來的園丁，用別人來代替他們，其實是因為主人擴大了葡萄園，這是為了讓更多的人可以進入，也就是為使全世界的人都能包含在當中。

空頭支票不比行動

看電視或卡通時，小朋友常會問，哪個是好人、哪個是壞人，即使成人，在內心也常暗自判斷好人與壞人。對！這沒有問題，但哪一個是好，哪一個是壞呢！或者是哪一方面是好，哪一方面是壞呢！

耶穌面對質疑他的司祭長和長老說過一個比喻：

「你們以為怎樣？從前有一個人，有兩個兒子，他對第一個說：孩子！你今天到葡萄園裡去工作罷！他回答說：我去。但他卻沒有去。他對第二個也說了同樣的話，第二個卻回答說：我不願意。但後來悔悟過來，而又去了。兩人中哪一個履行了父親的意願？」他們說：「後一個。」

（瑪竇福音21：28～31a）

我們得先澄清一些事情：第一個與父親對話的兒子，不一定是老大，而且，誰說第二個與父親講話的兒子，就一定是老么呢！不應該每次都怪老大。要注意，這裡只提到父親第一個遇到的兒子，他在家中可能排行老五，而第二個遇到的兒子也可能是老二。

接下來得注意耶穌的言論，耶穌問的是：兩人中哪一個履行了父親的意願？而不是問誰好，或是誰比較好。比喻要說的是具體的行動，這一次誰的行爲是履行了父親的意願。對！結果是父親遇見的第二個兒子實現了父親的要求，到葡萄園裡工作，所以這場比賽很明顯是第二個兒子獲勝了。但這之外，我們也當小心比賽的過程，因我們很容易會效法第二個兒子不對的地方，就是對父親說：「我不願意。」這對父親而言是種侮辱，兒子否定父親，兒子表現反對與叛逆，會讓父親感到難過。不過，他悔改的行爲是對的，也因這個原故他成了實踐的楷模，若能避免讓父親難過就更好了。

經文中，一連串的行動描寫了兩種可能，一種是不反省，另一種則是喜歡辯論。不反省的人，生活在自己的世界之內，要將他們從自己的世界抽離出來，是件困難的事。他們總在還不知道請求是什麼的時候，就已經先說個：不。但在他們反省之後，就會改變心意而開始行動，像父親遇見的第二個兒子一樣。還有個比喻提過，有個人因爲經不起朋友一再的打擾，願意深夜起床借麵包給朋友，他也是在否定之後，開始反省自己與朋友的關係，還有否定、拒絕的後果爲何，於是開始改變自己（請見二一八頁）。

另外一種人，則是常常喜歡與人爭吵，總是與人持相反意見。如果父親要他到葡萄園，他就偏去河邊釣魚；如果父親叫他去河邊釣魚，他就故意去修剪無花果樹，反正，就是要做不一樣的事。他喜歡爭論，但不一定要贏，他只是喜歡否定別人，也包括否定自己，所以他先向父親說：不要，然後又否定自己的不要，而去實行父親的要求，這就是他的本性：否定。

當然，比這更糟的人也是很常見，他們總是說：當然、一定、沒問題。總之，就是說：是。他很容易脫口說「是」，很自然地說出這個字，似乎是連自己都沒聽到。他不是不服從，也不是在說謊，而是另一個情況：他在想別的事情，這「答覆」不是他說的，只是從他嘴巴發出來的。他沒有設想自己說出口的會有什麼影響，也沒有注意到自己說的話有何含意，而且該爲自己的話付出什麼努力。所以，他的心中沒有看到葡萄園、沒有看到太陽，更沒有體會彎腰的辛勞。爲了讓父親高興，他只說：是。好吧！至少這點是可取的。不過，父親高興的時間只有一秒鐘。或許這個兒子說：是，只爲了避免父親不斷地要求。最後，耶穌馬上運用他的故事，反向那些挑戰他權柄的人發問。

耶穌對他們說：「我實在告訴你們：稅吏和娼妓要在你們以前先進入天國，因為若翰來到你們這裡履行了正義，你們仍不相信他，稅吏和娼妓倒相信了；至於你們，見了後，仍不悔悟去相信他。」（瑪竇福音21：31b～32）

這裡，再一次地責備兒子，不只是因爲他回答：好，卻沒有履行父親的要求，還因他看到兄弟的改變之後，仍不去做，這下子他可不能說自己是因爲分心，所以不知道回了些什麼話，因而沒去葡萄園工作。那個本來說：不，但後來卻實行的兄弟，讓他沒了這個藉口。假如他一時分心，或是沒聽到父親說些什麼，也不知道自己許諾了什麼，但那實現父親要求的兄弟，已向他說明了該做些什麼。

愛是行動不是說

◆

誰愛的多

◆

愛人與盡義務

◆

一起成為撒瑪黎雅人

◆

不同的眼光

誰愛的多

很多時候，我們把眼光放在別人身上，似乎是檢討別人、反省別人，而不是自己。我們心中拿著一把尺打量、評斷別人，卻忘了自己原也是個罪人。「誰愛的多？」我們在導讀時已先瀏覽過這一則比喻，那是發生在法利塞人西滿家中的故事。耶穌、西滿、罪婦、其他的法利塞人，熱鬧的場合、精彩的對話。

有個法利塞人請耶穌同他吃飯，他便進了那法利塞人的家中坐席。那時，有個婦人，是城中的罪人，她一聽說耶穌在法利塞人家中坐席，就帶著一玉瓶香液，來站在他背後，靠近他的腳哭開了，用眼淚滴濕了他的腳，用自己的頭髮擦乾，又熱切地口親他的腳，以後抹上香液。那請耶穌的法利塞人見了，就心裡想：「這人若是先知，必定知道這個摸他的是誰，是怎樣的女人：是一個罪婦。」耶穌發言對他說：「西滿，我有一件事要向你說。」西滿說：「師傅，請說罷！」「一個債主有兩個債戶：一個欠五百德納，一個欠五十。因為他們都無力償還，債主就開恩，赦免了他們二人。那麼，他們中誰更愛他呢？」西滿答說：「我想是那多得恩赦的。」耶穌對他說：「你判斷的正對。」遂轉身向著那婦人，對西滿說：「你看見這婦人嗎？我進了你的家，你沒有給我水洗腳，她卻用眼淚滴濕了我的腳，並用頭髮擦乾。你沒有給我行口親禮，但她自從我進來，就不斷地口親我的腳。你沒有用油抹我的頭，她卻用香液抹了我的腳。故此，我告訴你：她的那許多罪得了赦免，因為她愛的多；但那少得赦免的，是愛的少。」耶穌遂對婦人說：「你的罪得了赦免。」同席的人心中想道：「這人是誰？他竟然赦免罪過！」耶穌對婦人說：「你的信德救了你，平安回去罷！」（路加7：36～50）

從敘述的結尾可以看出，宴會當中不只邀請耶穌一人，同席的還有其他人。按他們所說的話應該可以想到，他們也是法利塞人，正如主人西滿的身份地位一樣。在這個宴會上，主人的安排很像是請了兩排衛兵（法利塞人）保護自己，免得發生什麼事情。然而，確實有件事情發生，一位婦女出現了。當然，法利塞人是表示很潔淨的且是與其他人分開的（這就是「法利塞人」的原意）。但是，他們還是住在地球上，而且和罪婦同住一個村莊，所以他們知道這個摸了耶穌的女人是誰（注意！我沒有說他們有經驗這位婦女是誰，我只是說他們知道她是誰。雖然，有時候一個法利塞人，也有可能在肉體上會有軟弱。）……好了，不要再往壞的方面想像了，讓我們回到宴會上。婦女一出現，讓法利塞人開始想：我應該早就料到了，這婦女的行爲不對，耶穌讓她有這樣的舉動甚至是更不對。

法利塞人的這種思想，正好讓耶穌抓到機會講這個比喻。這個比喻並不難懂：「一個債主有兩個債戶：一個欠五百德納（相當於目前新台幣廿五萬元），一個欠五十（相當於目前新台幣兩萬五仟元）。因爲他們都無力償還，債主就開恩，赦免了他們二人。那麼，他們中誰更愛他呢？」耶穌問的這個問題聽起來似乎太天真了，誰會更愛他？當然是那一個，得到更多寬恕的人啊！這問題有什麼好問的呢？法利塞人西滿帶著諷刺、優越感回答，特別是，這個問題由一位不知打哪來的師傅提出。西滿答說：「我想是那多得恩赦的。」這裡的「我想」在語意上，充滿著諷刺、充滿了假謙遜和假善人的態度。「我想」這個詞彙的文學價值眞是好，然而，我們稍微想一下，西滿說這句話時的表情是如何呢？……我想他在說這句話時，是帶著點微笑，而其他的客人也是，好像應聲蟲般附和著。

耶穌也一樣諷刺地回答：「你猜對了！」……想一想，耶穌有必要說他猜對了嗎？有人懷疑法利塞人不會回答嗎？其實，耶穌原可以繼續說：「你猜對了！這正是你倒楣的地方。」

這個債主和債戶的故事，加上當時整個宴會發生的各種狀況，交織成一則更大的比喻。法利塞人的家、在他家中作客的人、耶穌、婦女，一一都在挑戰我們。

成了比喻的宴會

現在，你需要發揮一點想像力，宴會的餐廳要有多奢華，就看你的想像力給你多少預算。無論如何，一定是個舒適、安靜的環境，而且氣氛和緩，大家都在閒談，講話也十分小心。菜餚一道一道、不疾不徐地端出，一切都令人感到十分愜意（事實上，福音中只說法利塞人西滿請耶穌吃飯，而其他的說明，則是我的想像力補充的，福音甚至沒記載是個宴會。但是有提到，他躺著為了吃飯❶，因為沒有人會為了吃一碗麵躺在街上，因此躺著吃飯，至少應該是在宴會中，才會有的情況。）出乎意料之外地，一位在城中被當作罪人的婦女突然出現了。在場的人很快地就認出她是誰，她未經允許就進入宴會，也沒提出任何要求。她什麼話也沒說，就只是抱著裝滿香液的玉瓶，走到耶穌跟前而不發一語；跪在耶穌腳前而不發一語；開始哭而不發一語；用她的眼淚滴濕了耶穌的腳而不發一語；用自己的頭髮擦乾耶穌的腳而不發一語；繼續不斷地親吻他的腳而不發一語，用她帶來的香液敷抹他的腳而不發一語，……她從頭到尾默默無語，沒有一句話、沒有任何解釋、沒有任何要求。就是這樣子的沈默，讓整個宴會的氣氛頓時凝結、無法呼吸。作者一停止描寫婦女的行動，似乎讓人大鬆一口氣。

沈默使得大家心裡開始忖度著，很可能大家想的都是一樣的事，因為除了耶穌和罪婦之外，在座的似乎都是法利塞人，因此作者指出他們當中一個人的想法，也就是宴會主人西滿的想法：「這人若是先知，必定知道這個摸他的是誰，是怎樣的女人：是一個罪婦。」（路7：39）耶穌當然知道，而且知道的比這更多。耶穌知道西滿腦子裡在轉什麼，知道他的優越感。所以，耶穌說話了。

宴會的主人西滿以爲自己掌握了一切，他其實很狡猾。他邀請耶穌到家中作客，爲的是，如果耶穌眞的是個先知，那就可顯現他比其他人還聰明、還早認出耶穌是個好人、是位先知。但是，慢慢地我們可以看出，他對耶穌連最基本的禮貌也沒有，沒有問候、沒給他水。這是因爲，如果經由這次的調查，得知耶穌並不是個先知，那他也贏了，他可以向人炫耀：「對！我請耶穌吃飯，就是要試探他，我早就猜到，他不太像個先知，你們沒注意到嗎？我並沒給他適當的款待啊！所以，我願意請他來、接近他，只是爲了試探他，而不是看重他。」

對了！法利塞人西滿沒拿水給耶穌洗腳。讓我們想一想，這很像進行中的棒球

❶我們所用的福音翻譯本中說：他坐下吃飯。但是，原文其實是說：他躺著為了吃飯。這是一個古老的習慣，在舊約時代，猶太人就已經這樣做了，而在新約時代也是如此。宴會的主人會讓客人躺在一張像床鋪也像沙發的躺椅（類似現在的貴妃椅）上，而這每一張躺椅足以容納三個人躺臥，所以他們稱為Triclinium。可以想見耶穌躺在最重要的一個躺椅上，緊鄰著宴會主人西滿的躺椅旁。這樣子我們較容易懂得比喻中的對話、言談。如此的躺椅，使得頭和手是往前、靠近桌子，相反的，腳則是向外、向下。這也是每個人必須脫鞋的原因，所以，主人自然地必須準備水給客人洗腳，除非是有僕人會幫客人洗腳。同樣的這身體姿勢，也幫助我們了解，為何那個女人很容易做她的動作，因為耶穌的腳是在躺椅的外面、旁邊，所以，女人可以用淚滴在他的腳上並且以頭髮擦乾。

賽，而法利塞人隊的打擊者已成功地上到一壘；也沒有給耶穌歡迎的口親禮[2]，一壘跑者推進到二壘；沒有用香液敷抹耶穌的頭，跑者前進到三壘。此時，法利塞人隊已是滿壘，而這個罪婦出現了，正可以給法利塞人隊來個滿壘全壘打的機會。不管她的職業是什麼，要感謝她，感謝她在這個時刻來到西滿的家。爲了要擊出滿貫（四分）全壘打，法利塞人看到婦女就想捉住這個機會、這個證明耶穌不是先知最有利的證據。

但是，耶穌聽完西滿對債主和債戶比喻的答覆以後，盯著他的眼睛說：「你猜對了。」一接觸耶穌的眼神，西滿開始感受比賽的局勢改變了。接著耶穌說：我一進來你沒有給我水洗腳；你沒有給我口親禮；你沒有給我敷油，這就像法利塞人隊的打擊者有一人出局、二人出局、三人出局，到此這一局結束，法利塞人隊沒有任何得分。

滿貫全壘打

而且，對法利塞人隊最不利的事情發生了。很快地，輪到婦女隊開始進攻而且是成功地滿了三壘，一個人也沒有出局：婦女用眼淚滴濕了耶穌的腳，並用頭髮擦乾，上了一壘；婦女不斷地口親耶穌的腳，上了二壘；用香液抹了耶穌的腳，上了三壘。所以，婦女隊現在三個壘上皆有跑者，接著，關鍵的時刻來了：「因為她愛的多，所以得到較多的赦免。」轟！全壘打，四比零比賽結束，Game Over。

法利塞人想證明耶穌不是先知的時候，耶穌偏偏表現出他是個先知，因此，他願意讓一個法利塞人心目中認定的罪婦接近他、摸他。耶穌同意法利塞人對這婦女的想法，是的，她有很多的罪。但反過來說，這也正是法利塞人的自我保護，也是我們每個人的自我保護，好像其他人的罪可以保護、掩蓋我們自己的罪。因此，耶穌藉此機會指出，這種掩飾方法不對。有人罪比較多、有人罪比較少，可是無論是多是少，最重要的是察覺自己有沒有罪。有人欠銀行很大筆錢、有人欠銀行一點錢，不論多少都是欠。

❷ 中東人或說是閃族人習慣以親吻表達歡迎的禮貌，甚至到今天，我們也可從電視新聞中看到，中東人的總統或是總裁、經理的聚會上，仍會照此習慣歡迎彼此。而為人在頭上敷抹香液，在福音的其他段落中也有提到，似乎是表示更加重視的禮貌。

因爲，重點不是「知道」這個人是不是先知，而是「愛」。法利塞人對耶穌一點禮貌也沒有，更不用說到愛；連基本對人的禮貌都缺乏，如何能懂得寬恕的必要。他既沒有愛，也不認爲需要寬恕，那如何能去愛。到底什麼是先有的呢？愛或寬恕。何謂「先」？是時間方面的「先」，或是心理方面的「先」，這個女人愛，是因爲得到很多赦免，還是因爲得到很多的赦免所以愛。

我們霹哩啪啦問了那麼多的問題，會不會跟法利塞人一樣？我們是否不願意看到比賽的結果，是否無法接受比賽四比零結束了、婦女隊贏了，而且還是大獲全勝。誰是她的教練或者說她是和誰學的呢？法利塞人有教練嗎？……。

我們不知道。但我們知道誰是法利塞人隊的球迷，就是那些在比賽過後還不停地抱怨氣候不佳、埋怨場地不好、責罵裁判不公平的人。那些人就是他們的球迷，所以球迷說：「這人是誰？他竟然赦免罪過！」這正是比賽結束、確定輸了以後還有的抱怨和氣憤。於是，法利塞人又錯了，又問錯問題了，就連比賽結束後，他們還不想知道該如何說話，還不知道應該問的不是「這人是誰？他竟然赦免罪過！」這句話中，飽含了看不起與判斷。其實該問的應是：「這個能赦罪的人是誰呢？」話語中應帶著驚訝和感謝。重要的不是他是什麼（是不是先知？）

而是他是誰？並且，願意繼續不斷地、愈來愈深地認識他。另一個重點是，要感謝有機會可以得到罪的赦免，如同這位婦女和她的愛一樣，即使沒有掉下眼淚（因爲法利塞人組織的成員，大都是男人，所以，眼淚免了）。

這個宴會跟所有耶穌的比喻一樣，造成聽眾（或是讀者你）的一種挑戰，我們是誰的球迷呢？我們到底是參加哪一隊呢？或者說，至少是爲哪一隊加油呢？我們是支持那些具有優越感而輕視、判斷他人的法利塞人嗎？還是我們是支持這位不說話而愛的婦女呢？

對！她本來是一個罪人，整個城市的人都知道她是一個罪人。

但不應該失望，有挑戰表示有潛能、有選擇。法利塞人也能得到寬恕，即使他欠的錢那麼少，也能得赦免。他也能贏得這一場比賽，就是在最後一次機會，也就是在最後一局時，已經有兩個人出局，投者也已投出兩好球時得分，哪怕比數只是一比零獲勝。

愛人與守法

走在路上，看到別人倒臥在一旁或甚至路中央，可能因爲跌倒、車禍、生病、……你會怎麼做？公司、學校中有行動不便的同事、同學，你會不會助他一臂之力？

幫助危急、受苦的人卻惹上官非的事，在世界各國時有所聞，讓人對助人更加卻步。因此，許多國家爲了避免旁觀者退縮，鼓勵人伸出援手，立有「慈善撒瑪黎雅人法律」（Good Samaritan Law），保護那些在幫助的過程，仍然發生傷害或死亡卻反而挨告的人。有些國家更積極，如果旁觀者沒有協助求援，那他就犯了這條法律。已故英國威爾斯王妃黛安娜在法國發生死亡車禍的現場，一些跟拍的攝影師後來受到調查，便是因他們可能觸犯法國的「慈善撒瑪黎雅人法律」。

這條遍及世界的法律來自耶穌說的一則故事：

有一個法學士起來，試探耶穌說：「師傅，我應當做什麼，纔能獲得永生？」耶穌對他說：「法律上記載了什麼？你是怎樣讀的？」他答說：「你應當全心、全靈、全力、全意愛上主，你的天主；並愛近人如你自己。」耶穌向他說：「你答應得對。你這樣做，必得生活。」但是，他願意顯示自己理直，又對耶穌說：「畢竟誰是我的近人？」耶穌答說：「有一個人從耶路撒冷下來，到耶里哥去，遭遇了強盜；他們剝去他的衣服，並加以擊傷，將他半死半活的丟下走了。正巧有一個司祭在那條路上下來，看了看他，便從旁邊走過去。又有一個肋未人，也是一樣：他到了那裡，看了看，也從旁邊走過去。但有一撒瑪黎雅人，路過他那裡，一看見就動了憐憫的心，遂上前，在他的傷處注上油與酒，包紮好了，又扶他騎上自己的牲口，把他帶到客店裡，小心照料他。第二天，取出兩個銀錢交給店主說：請你小心看護他！不論餘外花費多少，等我回來時，必要補還你。你以為這三個人中，誰是那遭遇強盜者的近人呢？」那人答說：「是憐憫他的那人。」耶穌遂給他說：「你去，也照樣做罷！」

（路加10：25～37）

耶里哥是約旦河西岸的城市，它位在約旦河注入死海前不遠的地方，屬於猶太曠野中的綠洲。因爲約旦河較西岸各處的地勢還要低，耶里哥城的環境也是低於海平面兩百多公尺的盆地，植物茂密、氣候相當炎熱。耶路撒冷則是在約旦山谷更西邊的城市，所以沿著西高東低的地形，從耶路撒冷往東到耶里哥大概有一千兩百公尺的高度落差。因此，從耶路撒冷到耶里哥的確是「下去」，所以這不是一個比喻反省的說法，也不是一個神學性或是倫理性向下墮落的含意，純粹是地理上的下坡。

這樣子的下坡路段佈滿著石頭，是個荒涼、曠野之處，非常適合強盜出沒，正如比喻中那位落單的人所遭遇的情況一樣。以前的人早就知道，這樣一個荒蕪的地區，會有強盜棲身，所以並不是比喻的作者發明這些強盜。

同樣地，撒瑪黎雅人用油與酒來照顧傷者，也沒有任何深奧或是神秘的意義，只因以前的人知道酒對療傷治痛有些幫助，即使他們不會解釋酒精眞正的作用和效果，但就是用它。油也一樣，是爲了加速傷口的癒合。比喻中的酒和油，也呈現當地、也就是地中海地區代表性的產品。另外，既然耶里哥是旅人過渡暫歇的地方，那麼有一個旅店也是理所當然。至於店主會收取費用兩塊銀錢，更不足爲奇。假如，想在這些小細節上，特別找到兩塊銀錢暗示的意義，只會讓我們

忘記這個比喻或是混淆了比喻的重點，而且，往後變成都用這種方法去懂比喻。

如果我們要深入了解這個比喻，比方說：耶穌所選的人物，那麼首先要弄懂的是，耶穌選了司祭和肋未人來代表那些見死不救的人。司祭和肋未人平日住在自己的家鄉，他們是在耶路撒冷聖殿服事的人當中，階級最低的一群，負責的工作只是每年花一兩個星期的時間，前往聖殿服務，然後就又回到自己的家。但無論如何，在整個肋未支派當中，他們的社會階級還是比較高，照理講應樹立好的榜樣。再來，應了解另一人物：撒瑪黎雅人。當時猶太人和撒瑪黎雅人之間早已敵對、仇恨多年，他們來自不同支派，而且宗教傳統不同。因此，耶穌說的故事裡，選了一個撒瑪黎雅人做模範，實在是過份地挑戰猶太人的思想。不過，也正是這個原故，更能顯出比喻的意義來。

爲了更能感受這個比喻的力量，應該先來了解它的前後文：這位法學士想表現理直，而向耶穌發問，不過耶穌的回答，恐怕讓他日後想起時會懊惱：「早知道我就不問了，以免自找麻煩。」但覆水難收。他可能還會喃喃自語：「問題是，誰是我的近人？這句話聽起來似乎再單純不過，可是大家眞的知道，誰是他的近人（鄰人）嗎？」經過這次與耶穌的交鋒，其他的法學士必會取笑他，讓他很羞愧。眞如此的話，他的回應或許是：「其實大家的心裡早就有這個問題吧！我只是比你們早些把問題給提出來了。但我怎麼知道我一問，耶穌卻講了一個故事，讓我們分心，然後趁我們不注意時，改變了問題。」

「眞是的，我怎麼會上當呢！」這樣的技巧好像騙小孩子一般，趁小孩子轉頭注意看蝴蝶的時候，把右手的糖果換到左手。當然，不論這位法學士再怎麼解釋，他已經被大家貼上標籤了，大家看到他總是會小小聲地說道：「你看！那個人，就是問耶穌：『誰是我的近人？』的法學士。」或是，更簡單地稱他「那個近人法學士」。

超越法律

這個比喻總被稱爲「慈善的撒瑪黎雅人」，其實裡面的人物不光有撒瑪黎雅人，還有一位受傷的人，更有強盜、司祭、肋未人、店主。可以說，在福音的比喻故事之中，這是人物最多的一個。特別要注意的是，這些人物彼此之間的關係，這也正是法學士要問的問題：誰是我的近人？法學士提問的原因，是爲了弄清楚，假如我對我的近人有義務，那麼我要知道誰是我的近人，還有行動的標準。但是，耶穌的答覆卻無關法學和法律，不是種客觀的標準，而是主觀的；絕對不是根據法律的基礎，而是成爲某一個人的近人、是依賴個人的意願和行動，這完全脫離法學的條例。

很明顯地，比喻中的人物全都照法律規範行事，當然除了強盜之外。因爲法律上清楚地說：「不能傷害他人的財物以及身體。」然而，強盜會下毒手，正因有近人經過，是個下手的大好機會。所以，這樣子的行爲在法律上，是強盜殺人的重大罪行，即使打傷人但沒有遭致死亡，卻也是使用武器，而且是在曠野中，蓄意計劃的行動，我們可以知道這在民法、刑法上可找到他該有的懲罰。

另外的一些人是司祭和肋未人，和受傷的人素不相識，這個人既不是他們的家族成員，也不是同鄉的人，與他們沒有任何一點關係，那麼，他們沒有法律上的責任要幫他。而且，他們若有足夠的時間多注意這個受傷的人，可能會懷疑他已經死了，但不論是出於不小心，還是故意碰觸到死亡的人，污穢都自動上身，這會導致他們不能履行工作。顯然他們不接近這個人，是非常明智的，他們完全符合民法和猶太傳統關於聖潔的法律。

店主也是一樣，他開門做生意、收取正當的盈利是再合法不過的事，如果有人質疑他不關懷受傷者的話，那麼他可以說：「我又不是做慈善事業，我提供服務，理當收取費用啊！這符合法律上的規定，而且我已經算是慷慨的了，願意接受事後再補上不足的錢，而不是要求馬上付清，我的行爲可是完完全全配合民法上的規定呢！」

可惜，有這麼多的法律，並且，大家都那麼遵守法律，卻讓一個受傷的人在路上半死不活。由於法律只是一種基本的規範，因此，若要實踐法律眞正蘊涵的精神，理當要常常超越法律表層文字的侷限。很多時候應該下個決定—成爲他人的近人，而且願意接受這個決定可能要付出的代價。再一次地強調，比喻的目的不是爲了懂它，而是爲了實行它。耶穌沒有問：「誰是他的近人？」而是問：「誰當他是近人？」

耶穌在和法學士對話的最後並不是說：「你好好學這個教訓。」而是說：「你這樣的去做罷！」

一起成爲慈善的撒瑪黎雅人

有時，我們感到自己無能爲力、缺乏力量成爲別人的近人，但好像藉著團體、因著一群人在一起，就比較容易成爲慈善的撒瑪黎雅人。例如，我們之中大部份，看見車禍事故都會熱心地想幫忙，心裡卻沒準備好要當第一個主動伸手的人。但若在一群人當中，我們便比較放心採取行動，這不是個人有沒有力量去幫助的問題，而是有沒有感到被支持的問題。這種似曾相似的經驗應是隨手可得吧！這個比喻常以一種對話式的戲劇來呈現。下面就是一群撒瑪黎雅人的行動：

厄弗辣因：「你們不知道，能跟你們同行我有多高興，這條路是出了名的險惡，那麼荒涼，讓大家都很害怕，也很少人願意走。」

貝　拉：「對啊！每天都有一個路人，被住在這裡的人『拜訪』。」

塔　　罕：「不過，幾個人走在一起，感覺就不一樣了。我們大概不會有什麼危險。」

責羅斐哈得：「今天好像土匪休息。我從上頭往前面的道路望過去，看到有兩個人也是一個、一個地單獨走過，都很平安。」

耶　則　爾：「我也注意到了，可是我看好像一個是司祭，另外一個有點像是肋未人，可能就是因爲他們的職業，所以會被尊重。」

貝　　拉：「也許土匪知道，他們根本沒什麼錢，何必浪費時間打劫他們。」

厄弗辣因：「噓，……聽！那是什麼聲音，我好像聽到有人在叫。在那邊！那個轉彎的後面。」

塔　　罕：「小心點！我們要走在一起，注意！要把眼睛睜大一點。」

（於是他們一到了轉彎處，就特別靠攏，非常留意四處，結果發現一個赤身露體、受了傷、被丟在路旁、正在痛哭哀叫的人。他們小心翼翼地接近他，但保持了一段距離）

厄弗辣因：「我們來幫他吧！」

責羅斐哈得：「小心！這可能是一個陷阱。」

耶則爾：「剛才是誰說的：土匪放假！」

塔罕：「欸！是一個猶太人！管他的。」

厄弗辣因：「不要這樣子啦！你不想一想，這樣的情況也可能會發生在你自己的身上？」

塔罕：「不會發生在我身上，我很小心，我都準備好了！」（他在說話的同時，已經把手放在衣服內的刀柄上準備著了。）

厄弗辣因：「無論如何，我們應該幫他。」

責羅斐哈得：「假如天色晚了，我們該怎麼辦呢？」

貝拉：「而且，我們當中誰要做醫生呢？」

責羅斐哈得：「這並不需要很多的醫療，只要會清理傷口和簡單的包紮就夠了。」

耶則爾：「而且這符合我們的法律。」

塔罕：「法律上說：『對外僑不可苛待和壓迫，因為你們在埃及也曾僑居過。（出谷紀22：20）』」

貝拉：「對了！法律也說：『假使你遇見你仇人的驢，跌臥在重載下，不

可棄而不顧，應幫助牠……。（出谷紀23：5）』」

耶則爾：「貝拉！你這是應用什麼《聖經》章節啊！」

貝　拉：「的確啊！這是記錄在《梅瑟五書》之中。」

責羅斐哈得：「可是，爲什麼是要我們幫助他呢？這跟我們毫無關係啊！」

耶則爾：「你這是什麼意思，難道你要土匪來治好他嗎？在這邊，明明看不到其他的人。」

厄弗辣因：「你們要辯論，以後再說吧！現在這個人快要死了。」

其他的人說：「好吧！我們去吧！」

厄弗辣因：「我們大家最好不要一起去，免得他會嚇死，以爲土匪又再回來。」

（這時大家都杵著不動，不知所措？直到過了一段時間之後，……）

責羅斐哈得：「厄弗辣因，你去吧！你好像很關心他，而且你是第一個看到他的人，我們其他的人就在這裡守著。」

其他的人同聲說：「你代表我們去實行法律上的規定吧！」

厄弗辣因：「好！我去做！」

（於是，厄弗辣因接近了這位受傷的人，用一個小小的裝酒的皮囊開始爲他清理傷口。過了一會，貝拉向厄弗辣因喊話。）

貝　　拉：「不要用太多酒，免得他醉了，酒精可以幫助清潔傷口，但也會使人頭暈。」

（厄弗辣因在他的行囊當中翻來翻去，好像找不到東西似的）

厄弗辣因：「眞糟糕！我沒有油。」然後，就向其他的人喊叫說：「喂！你們當中有沒有人身上有一些油啊？」

耶 則 爾：「責羅斐哈得一定有！因爲他需要點油來保護他的禿頭。」

責羅斐哈得：「你也可以把油抹在你的鼻子上啊！因爲你鼻子那麼大，一曬到太陽就脫皮。」（說的同時，就拿了一小罐的陶瓶給了厄弗辣因。）

厄弗辣因：「謝謝！」（於是，就用油理了病人的傷口。結束之後……）

厄弗辣因：「來個人幫忙一下，他看起來很輕，其實很重。」（塔罕和貝拉就靠近厄弗辣因）

厄弗辣因：「把你的手放在後面，讓我用布條來把他捆好，對！就是這樣！現在把他轉一下，好！讓我們把他的左手臂固定，免得碰到他的傷口，現在我們三個人，小心一點！把他放在我的牲口上。要小心！他很虛弱，流了很多的血。」

（於是，這一群撒瑪黎雅人，就帶著一些擔心，並且也很小心地走完這段路，天色正如先前有人擔心的，的確已經暗了，但是沒有什麼危險，他們已經接近耶里哥了，並且會在城門關閉之前進入。到了店家以後，大家很快地就都去休息了，是的！應該要好好的珍惜時間，因爲第二天還要繼續趕路。第二天早上，大家起床以後，一同吃早點，厄弗辣因是最晚到的。於是，責羅斐哈得問厄弗辣因）

責羅斐哈得：「你剛才到那裡了？喔，……大概是和受傷的那個人在一起吧！」

厄弗辣因：「當然囉！」

其他的人：「那病人今天怎麼樣了？」

厄弗辣因：「好多了。傷口是乾淨的，也比較好了。酒的確很好用。責羅斐哈得給的油，也讓傷口開始密合了。休息對他大有幫助，今天早上已經可以吃些東西了，假如他持續好好的休息，很可能過幾天就可以康復了。貝拉！你看吧！不需要醫學專家來應付這件事情。」

耶則爾：「對啊！有善心和一些傳統的醫療方法就足夠了。」

塔　　罕：「可是以後呢？我們不能停留在這裡，等到他完全好了。」

厄弗辣因：「我已經想到這件事了。我付了昨晚的錢給店主。當然我也和店主說過了，我給他兩塊銀幣，並且向他保證假如不夠的話，等我回來的時候，再補給他。」

貝　　拉：「那個病人運氣眞的很好喔！」

厄弗辣因：「難道你認爲遇到土匪是運氣好嗎？」

貝　　拉：「我的意思不是這樣的，遇到土匪當然是件很倒楣的事。可是我們看到他的時候，事情已經是這個樣子了。我說的運氣是遇到你，能在他旁邊有一個近人。」

厄弗辣因：「他的好運是遇到我們，我們大家當他的近人，……。」

不同的眼光

說到法利塞人和稅務員，或許很容易便可以看出他們的區別；一個是模範，另一個則令人不敢恭維。但是要小心，這種想法很可能正是我們的錯誤。稍微認識耶穌的人就會知道，兩者的分別不是那麼的清楚，尤其是不能以外表來論斷人。有個比喻就是特別要跟我們講這個道理：

耶穌也向幾個自充為義人，而輕視他人的人，設了這個比喻：「有兩個人上聖殿去祈禱：一個是法利塞人，另一個是稅吏。那個法利塞人立著，心裡這樣祈禱：天主，我感謝你，因為我不像其他的人，勒索、不義、姦淫，也不像這個稅吏。我每週兩次禁食，凡我所得的，都捐獻十分之一。那個稅吏卻遠遠地站著，連舉目望天都不敢，祇是捶著自己的胸膛說：天主，可憐我這個罪人罷！我告訴你們：這人下去，到他家裡，成了正義的，而那個人卻不然。因為凡高舉自己的，必被貶抑；凡貶抑自己的，必被高舉。」（路加18：9～14）

誰能想到，這兩個人前往聖殿之前的樣子那麼不同，而從聖殿出來也是那麼不同，不過情況則是相反。假如外表可以透露內在，那我們可以看到：法利塞人有著完美、無暇的外氅，體面而又合身，並且經匣放寬、衣縫加長，這些都令他們走路有風、風度翩翩。若說要找出一丁點的骯髒，那麼只是一點點灰塵（要知道在當時的路上行走，這是難免的），還沾到些樹脂（可能是昨天把外氅放在木頭上所留下的），若再仔細點能看見白色的污漬帶些黏稠（這有什麼辦法呢！天主賞賜給我們流奶流蜜的土地），而外氅的背後黏著幾根糠秕（可能是剛剛上聖殿時，在石頭上稍坐時沾到的，反正對他來說，上聖殿已經是很大的犧牲了）。於是，法利塞人舉目向天，一方面自我陶醉，另一方面也感到有些疲累，他們忖度著天主不會注意到這些小細節。

特別是，我們若再看看另一個人。這個人根本讓人無法接近，髒得不像樣，渾身都是髒污，外套不是有些地方磨破了，就是有著各種污垢，總之，就是髒得完全看不出原本的顏色。這種髒是從頭到腳，沒有梳頭髮、沒有刮鬍子，一直到腳指甲裡也都嵌滿污垢。稅務員的內在似乎就是如此，連他自己也不懷疑。

可是離開聖殿以後，法利塞人還是一樣有著完美、無暇的外氅，體面而又合身，並且經匣放寬、衣繸加長，走起路來衣擺隨風搖曳。還是有沾些小東西，一丁點灰塵、樹脂、白色的污漬等等。反倒是稅務員有了相當不同的改變，他穿上一件完全新的外氅，整齊而又平滑、白淨得讓人幾乎睜不開眼。外氅上還有很吸引人的紅色點綴，讓人感到溫暖，一穿上就能感到全身很暖和，摸起來也相當的舒服。此外，他腳上換穿新的涼鞋，是由新的皮件做成，很合腳舒適，但不會太引人注意，本來涼鞋的功用應該就是如此。稅務員像變了個人、煥然一新，鬍子刮了、頭髮也很乾淨、整齊。假如外表可以散發內在，那麼會發生這樣子的改變。

但事實是，外表無法透露內在，那就需要另一種眼光才能看到，也就是要有天主的眼光。人們只會看到兩個人前往聖殿的外在模樣，只有天主知道在聖殿裡發生些什麼：一個來到聖殿是爲了能和自己談話，做一個自我陶醉的獨白，他看似在跟天主講話，但其實是跟自己對話而已，他只是希望天主順便會聽到。他認爲如此一來，天主必會知道他有多好，而且是比別人還要好，就今天來說，這個「別人」就是旁邊站的稅務員。對法利塞人而言，「比較」是非常重要的，他比較好是理所當然的，而且只用「比較好」形容，已算是輕蔑他了，比起所有在他身旁的人，他應是好太多了，只是今天正好是這個可憐的稅務員在他旁邊。是的，稅務員因著他的本性和職務，的確是從頭到腳都充滿了罪惡，所以他有自知之明而羞於抬頭。

稅務員知道自己的罪惡，因此自然是祈求寬恕，他不必一個一個地告明自己的罪過（因爲祈禱的時候，不需要嘮嘮叨叨的），而且，旁邊還有個法利塞人在代替他告明他所有的罪過。所以，稅務員向天主的愛開放自己，於是天主使他成義，但法利塞人卻沒有給天主這個機會。

身爲人，我們不會看到這點，所以耶穌借給我們天主的眼光。

「本分」的界限

◆

坐對位子

◆

拿捏本分

◆

助人的時機

◆

該做而不做

坐對位子

林先生是某家商業銀行的主管，不能說他是「青年主管」，因為他的年齡已超過青年而正邁向中年。即使他在銀行界的年資不久，論資歷還很年輕，但也不能稱他做「年輕主管」，畢竟他的職位已經相當高了、已是個擔負重責大任的管理者了。他的生涯就是依靠著他的一切知識（包括美國知名大學的碩士學歷），還有某些雖不是很明顯、卻很有用的關係，他升遷的速度雖不像流星劃過天際般迅速，卻也非常引人注目。

不過，林先生最近有點緊張，因為銀行總行需要一位總經理，而且正是他最有把握的單位，國外投資管理部門，而且有足夠多的傳言說：「他可能得到這個職位。」聽到此，他不禁暗自竊喜，但這同時也有件事讓他感到不安。因為大家也都知道，銀行的一位資深董事，最近身體滿虛弱的，也許不用多久董事會即將更換董事，最多大概一年，也可能就在這幾個月內。林先生估計自己得到這個職位的機會是「蠻可能的，但不到非常可能的地步，」他像分析金融市場一般，精確地評估未來他任職董事的可能性，他想，若現在升做總經理似乎不恰當，因這會阻礙他幾個月後被選為董事，因此他不知道自己該放多少期待、又要期待什麼呢？

讓他思緒混亂的，還有另一個原因，那就是董事長近期內將為小女兒舉辦婚宴。在過去這段期間，林先生與董事長只是單純公事上的往來，雖認識但交情還算不上是朋友。但會受邀參加婚宴的人，至少也該是總經理階級的人物，總行其餘的員工大概會舉辦個酒會，而分行的員工頂多每人提供一百元，給新人買一個禮物，而這些錢會自動從他們薪水提撥的員工福利金中扣除。

林先生的困擾隨著銀行一紙通知函消除了，總行來函派他做國外投資管理部門的總經理。這正是他渴望卻又害怕的信，他自我安慰說，或許銀行願意讓他先擔任最高的行政主管，然後再讓他進到有決策權的最高單位，也就是董事會。三天後，他也收到了婚宴的邀請卡，他絲毫沒浪費一秒鐘，立刻積極地為赴宴做準備。他先和熟識這種情況、場合的人，好好打聽該在紅包裡包多少禮金才適合，他不願意失禮但也不想過份表現自己。在解決了這個問題之後，他馬上就去找最好、最著名的裁縫師，為了要參加這次的婚宴，他不惜花掉新職位一整年的加薪購裝。對他而言，這或許是人生一輩子只有一次的經驗，因為能遇到一些很有意思的人，而且也讓這些人認識他。

位子哲學

婚宴當天，林先生穿著量身訂做的西裝，還提早到達宴客的餐廳，他想：「假如多空出一些時間，就有更多的機會和許多重要的人物談到話和來往。」他一到餐廳就出示他的邀請卡，還特別秀出印有銀行標誌的那面，因為這邀請卡只發給重要人物。宴會餐廳的招待人員向他說：「董事請跟我來，你的位子在這邊。」林先生想要馬上糾正他的錯誤，但又喜歡被如此看待，也想享受一下這個稱呼，因此他決定等一下到了座位時再糾正好了。可是到了座位時，他又不好意思說，於是就坐了下來。剛開始的時候有點不安，可是他馬上又想到那位年老、虛弱、生病的董事大概不會出席，而其他人或許會想：「可能是故意安排這樣子的座位，讓他與董事們有機會認識。」既然他「蠻可能，但是不到非常很可能的地步」成為董事。一想到這裡，他不自覺地露出微笑，但是其他的董事可沒有跟著微笑，甚至是毫不隱藏他們的驚訝。

就在這個時候發生意想不到的事，那原本幾乎不可能發生的事。拄著一根拐杖、需要有人扶持的那一位年老、虛弱、生病的董事來了。也幸虧這個董事走得很慢，讓董事長的個人秘書有時間反應，因為董事長曾告訴秘書，安排座位時，要特別注意不要得罪任何人。於是，秘書很快地走到林先生旁邊，暗示他要離開那個位子，因為董事來了，也因如此，董事長就注意到董事桌的座位那邊有誰、有什麼情況。

林先生就趁年邁的董事還沒有走到前，帶著羞愧的臉色趕快離開，退到離主桌比較遠、部門總經理的座位。他沒有看到董事長的臉，假如他看到董事長的臉，他會知道他在這家商業銀行的生涯已經到了高峰。」

大概很多人會說這個故事發生的機率不大，無論如何應是少數人會遇見的情況，而且這故事的細節也不是天天發生。可是讓我們想想，比喻裡說的事也不是天天都有啊！就連在耶穌的時代，也不是每天都能受邀參加宴會的呀！

想坐好位子的心理，千古不變。法利塞人的領袖請耶穌到家中吃飯，耶穌看到同席的人正在宴會中尋求首位。這正好給他說些警語的機會：

安息日，耶穌進了一個法利塞人首領的家中吃飯；他們就留心觀察他。耶穌注意到被邀請的人，如何爭選首席，便對他們講了一個比喻說：「幾時你被人請去赴婚筵，不要坐在首席上，怕有比你更尊貴的客也被他請來，那請你而又請他的人要來向你說：請讓座給這個人！那時，你就要含羞地去坐末席了。你幾時被請，應去坐末席，等那請你的人走來給你說：朋友，請上坐罷！那時，在你同席的眾人面前，你纔有光彩。因為凡高舉自己的，必被貶抑；凡貶抑自己的，必被高舉。」

（路加14：1、7～11）

耶穌說的事，看起來好像是個很基本、大家都懂的共識。一般人會想，應該不會有人那麼不小心上這個當、掉入這個陷阱吧？事實上，還是會的。

我不認爲這種事只是偶而或是少數人會遇到。例如，若你是個老師，當你還是個副教授或是講師的時候，一有人稱呼你教授，你會修正他的稱呼嗎？每次有人介紹你，把你的學歷、資格說得比實際更高時，你都有提醒他修正嗎？你從來沒有暗示、或讓人相信，你的社會地位或是人脈關係嗎？這些你事實上是沒有的東西。你從來不曾買一個禮盒或任何東西，只爲了炫耀，比你眞正的實力還要好的經濟狀況嗎？你從來沒有在你男朋友或女朋友面前誇耀自己嗎？眞的？你從沒有誇耀自己在休閒、體育方面的成績、成功或一個特別的記錄嗎（大家都知道打高爾夫、打獵、釣魚的人，總是常常誇大他們自己的成果）而這些行爲，不就是你坐在不該坐的位子上嗎？我們表現我們「所不是」的比我們「所是」的好多了，這似乎在世上的任何時刻、任何方面都是最普遍的誘惑。我們知道這些情況帶來的結果，將和林先生帶著羞愧的下場一樣，也會破壞我們的未來，但是我們「人」還是會繼續不斷地掉入這個陷阱、誘惑，畢竟我們「人」就是這樣子的。

拿捏本分

有個先生年齡比較大了，已經到了沒人會雇用他、也沒人願意支付他退休金的年齡。有一天，他突然沒了工作、沒有任何的準備，也沒有紮實的工作經驗，更沒有以前工作的老闆寫的推薦信。這個時候，有另一個老闆聽到他的情況，這個老闆的公司位在市區最精華的地段，而因為他是個具有社會意識的基督徒，正好辦公大樓也有個警衛人員的空缺，於是他推薦這個先生遞補。這個先生成了大樓的新警衛後，盡本分地做這份工作，多多少少準時到達，把大廳打掃乾淨，也許還可以更仔細一點，打掃這棟辦公大樓前的人行道。另外，電話響起時他會接聽，不過動作相當地慢，但還不到得罪人的地步；或是有人來訪時，他會接待客人，以剛剛好禮貌的態度。對了！他也看他的報紙，……那麼老闆每次進出大樓時，應該對他鞠躬嗎？還是要感謝他做的工作呢？那麼警衛該從座位起來，以熱情（有時是過份的熱情）來問候他呢？我不是主張這般奉迎態度，我只是看到一般人都這麼做。

讓我們想一想，假如一個業務員誠實地工作著、定時得到應得的薪水，也沒有發生任何不合理的情況，那麼他還有什麼理由，期望能得到更多呢？有什麼理由，讓公司特別感謝他呢，例如，給他一面獎牌或是放幾天假，還是讓他升等嗎？他就做該做的，這應該感謝他、加薪嗎？任何人都知道，公司除了給付合法、彼此同意的報酬外，無需再爲他做什麼。

耶穌說過類似的比喻，不過是個容易讓人忽略的比喻。原因除了是夾在耶穌其他言論中間外，它也是一個較難懂的比喻，也或許它聽起來，令人感到興致缺缺。還有個原因是，它有個太清楚、太明白的訊息，一旦聽懂，反而感到不舒服。如果不懂、不去注意的話，那大家就比較舒坦些，但這並不是好現象，我們應該來看看這個比喻：

「你們中間誰有僕人耕田或放羊，從田地裡回來，即給他說：你快過來坐下吃飯罷！而不給他說：預備我吃飯，束上腰伺候我，等我吃喝完畢，以後你纔吃喝？僕人做了吩咐的事，主人豈要向他道謝？你們也是這樣，既做完吩咐你們的一切，仍然要說：我們是無用的僕人，我們不過做了我們應做的事。」（路加17：7～10）

很多人把這個故事稱作「無用僕人的比喻」，但一個無用的僕人，有什麼用處呢？而且，假如我們是那些無用的僕人們，我不知道你的感受，我是不喜歡被叫做僕人，或者更不喜歡說我是無用的，所以這個說法不是很清楚，且是個誤會的開始。

這個比喻使我們不安，因爲我們抱持的社會觀點和比喻的假定完全不同。稱傭人或是僕人，已經是相當客氣、現代化的翻譯方法了，因爲原文的用詞是「奴隸」，也就是在市場上可被買賣的人、可以讓主人隨便使喚的人。很感謝，我們對奴隸買賣已很陌生，這種事目前也不存在了，而且這種行爲，甚至有人光是想想而已，都讓我們相當反對、反感，但也因此，我們較不易感受這則比喻的力量。

雖然沒人說這種情形很好，但當時的社會狀況就是這樣，如此看來，這個比喻講的內容，是很自然的事。耶穌說這故事時，假定他的聽眾自然而然會了解，

因爲他們和耶穌身處同樣的社會狀況之下。但即使時代環境改變，把比喻的內容拿到我們目前的工作環境，狀況仍舊一模一樣，且是天天面對的經驗。在任何辦公室，除了公務員（那是當然的）之外，關於工時，面試時是講定從早上八點半到晚上五點半，中午休息一個鐘頭。可是到了實際上班的時候，午休只縮成半個鐘頭或是廿分鐘，而且誰敢在七點或七點半之前離開辦公室？除非他有特別的理由。

我看不到跟比喻當時的環境有什麼差別，辦公室的主人和比喻中奴隸的主人有何差別？假如我們能鑽入他們腦子裡，便會知道他們的思維都一樣：他應該工作，因爲我付給他薪水；他應該工作，因爲我買了他，已經付了錢。

這麼一說，又再次增加我們的不安，我們感覺到，縱使外在的形式改變了，但這種主人和奴隸的關係並沒有改變。因此，我們感到不悅，甚至連說出感受：被當成奴隸般對待，也不願意。我們深知這種情況，這非常不正義，但我們不敢提出反對：沒得到我同意，就強迫我做更多，還不加我薪水。

我剛剛的描寫，目的在幫助我們了解，爲什麼這個比喻，讓我們那麼不舒服。不過，這還不是比喻眞正的重點，其實要懂這個比喻的含意，反而是要先接受這件事。

警衛員和老闆的例子，讓我們認出與天主的關係，假如我們有生命、有工作，以及有能力來完成我們的工作，那麼其實都不是我們的功勞。在我們誕生以前，這些都已給了我們，所以在這樣的狀況之下，我們能說我們擁有工作的果實，但不能說這些是我們的功勞。這好比把錢放在銀行，錢也能結果實，也就是利息，但那不能算爲自己的功勞。我們不否定工作和成功，可是也不能把成功歸於自己，每個人不都如此，在他的位子上工作、行動著嗎？

比喻中的僕人，足當模範的理由就在此，不是因爲他做好農事，或是做好牧羊的工作，也不是因他準備、侍候好了晚餐，雖然一切的確都做得很好，但眞正使他成爲模範的是，他不因此就相信，自己如同主人一樣。這就是比喻的重點，不多也不少。

我了解，在這世上，我們很難接受這一點，但若是在面對天主時，應會比較容易了。

助人的時機

我已經提過，小時候的我，總是在鄉下度過夏天，那個鄉下和耶穌所認識的環境差不多，是個農人生活的地方。土地不是很肥沃、經濟也不甚發達，和耶穌生活的環境，差不了多少。那個鄉下有驢子，而這些驢子，總是在人們意想不到的時刻，或是在最不應該叫的時間嘶鳴，而且驢子會在街上留下牠們走過的痕跡、生理上的需要和自然的痕跡。剛剛我說到「街」的意思，事實上，只是在兩排房子中間有條佈滿塵土的道路。

在鄉下，驢子是風景之一，反正是個地中海的風景。然而牛，我則很少看到，在我生活過的鄉下沒有養牛，很可能是因爲養不起牛，只有一次看到一對牛拉著裝滿松樹脂桶子的車子，那附近有個松樹林。那時候，我們小孩子懷有許多的想像力，總是把這對溫和的牛想成粗暴的野牛，雖然有些害怕但又有點愛幻想，假如我們穿上紅色的衣服時，牠們會追著我們跑。

我到台灣以候，遇到一件很有意思的事。在我學中文的城市裡（新竹市），有時坐在家中，便可聽到附近動物園的驢子在驢叫。很明顯地，在這邊我們對驢子走在街上的風景很陌生，要在別的環境才能看到的。另外，水牛本來也可幫我們了解比喻中的牛，就像稻田也可加深我們對水牛的印象。但我擔心，我曾看過的水牛恐怕比讀者還多得多，水牛早在好多年前便從台灣的風景中消失了（或許在動物園裡還有一些）。

但是無論如何，我們都能了解牛和驢有時候會渴、有時候會跌到坑裡面，或是跌到山谷中，或是跌進一個洞裡。我們這些慣於看到驢子的西方人，有句俚語：一頭驢不會碰到相同的石頭而跌倒兩次。這是說不會有兩次，大概也不會兩次都掉到同一個坑裡，不過掉一次就有可能。至於帶牠們喝水，我們要知道，耶穌那時的家家戶戶沒有自來水，需要水應當走去水泉、井邊挑水回來用，但最好是直接帶動物到井邊泉旁喝水，而不是從那邊挑水回來給牠們喝，反正不用背著動物走，只需帶著牠們走到有水的地方即可。

那麼萬一牛或是驢掉到井裡，該做什麼呢？如果問我們這些生活裡有驢的

人，我們一定馬上會說，把牠給拉出來。那要怎麼做呢？可能每個人會有不同的方法，有人或許比較聰明，會用好的辦法，有人或許比較笨手笨腳，但是我們都知道該把牠拉出來。

但是真要實行起來，事情會變得很複雜，因爲要看時間或是地點來決定，這個行動恰不恰當。在耶穌的時代，猶太人非常清楚任何一條規定，也就是說安息日應該做什麼，或是能做些什麼的嚴格標準（事實上，這得靠每一個人自行遵守法律的規定），此外還有一些規矩，例如哪些工作可以做，哪些工作不可以做，或是安息日可以走多少步等等。所以，走到井邊把驢子拉出來，或是解開牠身上的繩索、帶牠去喝水，應該先按這些規定判斷。要注意的是，「驢」（更何況牛）是加里肋亞地區窮人的重要財產，因此他們自然的反應就是去幫助動物，把牠從井裡給拉出來，而且人們不會想到這個行動會不會違反法律（反正法律應該不是讓人們受害）。因此，耶穌假定人們會有這樣子的態度，而講了兩次相關的比喻。

第一次是耶穌在安息日治好了一個傴僂的女人，然而耶穌雖治好她，卻惹毛會堂長，但會堂長一時不敢挑明反對耶穌，因爲耶穌才剛行了一個很大的奇蹟，很多人因此非常尊敬他，於是會堂長改爲反對其他人、指桑罵槐，讓我們先看看聖經章節吧！

安息日，耶穌在一會堂裡面施教。有一女人，病魔纏身已十八年了，傴僂著，完全不能直立。耶穌見了她，便叫她過來，給她說：「女人，你的病已消除了。」遂給她按手，她即刻就挺直起來，光榮天主。會堂長因氣惱耶穌在安息日治病，便給眾人說道：「有六天應當工作，你們在這些日子裡可來治病，但不可在安息日這一天。」主回答他說：「假善人哪！你們每一個人在安息日，有不解下槽上的牛驢，牽去飲水的嗎？這個女人原是亞巴郎的女兒，她被撒殫纏住已經十八年了，安息日這一天，就不該解開她的束縛嗎？」（路加13：10～16）

會堂長的反對一點意思也沒有，但我們應注意到這件事，免得我們也像他這樣做，不然到了審判的那日，連驢子或是牛都可以做爲反對我們的證據：

● 會堂長好像假定這個女人，到會堂是爲了治病，我們可以想一想，難道她以前從來沒有到過會堂嗎？難道會堂長不認識她嗎？如果是這樣，那麼這個女人進入會堂時，會堂長爲什麼沒有問她呢？或是爲什麼沒有提醒她不能進入呢？

●會堂長自己承認有六天可以工作（當時還沒有週休二日），但假如那天是個工作天，那女人怎麼會在工作的日子去到會堂呢？

●誰會到會堂去呢？既然大家都在工作，那麼大概會堂也是關門的，那又何必去呢！去有什麼用。

●還是耶穌每天都坐在會堂，等待病人來到嗎？好像醫生看門診似的。

所以，看起來會堂長的話眞是一點意思也沒有，只顯現出他的憤怒。這種事常常發生，把憤怒發洩在最無辜的人、也是最不能保護自己的人身上。因此，耶穌聽了會堂長這一番話後也生氣，於是他稱會堂長是個假善人。耶穌要他們自己聽聽看，如果自己的動物有困難時，他們自己的態度是什麼：要是他們會在安息日救他們自己的動物，卻不願救一個人，那麼就是假善。這兩個行動的對比，就是這則比喻的意義。

第二次耶穌用驢子或是牛的題材，也是行完一個奇蹟後提到的，這段經文離上一則比喻的《聖經》章節很近：

> 安息日，耶穌進了一個法利塞人首領的家中吃飯；他們就留心觀察他。在他

面前有一個患水臌症的人。耶穌對法學士及法利塞人說道：「安息日許不許治病？」他們都默然不語。耶穌遂扶著那人，治好他，叫他走了。然後向他們說：「你們中間，誰的驢子（兒子）❶或牛掉在井裡，在安息日這一天，不立刻拉他上來呢？」他們對這話不能答辯。

（路加14：1～6）

比起前幾次和耶穌言詞交鋒，法利塞人這次比較明智些，或許是在會堂中發生的事情已經傳遍四處了，因此法利塞人默然不語。但是，對於他們的沈默（對他們而言，是滿不好意思的沈默，可是對耶穌或是讀者而言，是個可笑的沈默）耶穌簡單地說明了，自己所做的是什麼事，那也是他們不願意公開贊成的行動：就是為了解救動物的行動。那麼人難道不比動物更重要嗎？

當然，他們很可能為了遵守這個既反對人、而又「最」不能保護人的規矩，而養成另一種習慣，那就是把牛或驢子（兒子也不會有例外）救起來之後，再把牠們狠狠打一頓，訓練、教訓牠們，要求牠們以後不能再掉入井裡。

❶此處的翻譯，有的手抄本版本是寫驢子（羊）或牛；有的手抄本版本是寫兒子或牛，無論如何，耶穌所要提醒的是人們自己有過的具體經驗。

該做而不做

有時我們以爲，最安全的方法就是什麼都不做，其實這可能是個錯誤。

在比喻中，我們很容易遇到各種不同的人物，有些人做著好事、有些人製造麻煩，我們天天遇見這些人，也不斷從他們身上學習，誠如孔老夫子說：「三人行，必有我師焉。」而接下來的比喻中，可看到幾個人物的例子，有兩個好的，一個不好的，在很多民間文學裡，常稱這種佈局是「三種人」的律法。

這個比喻分別出現在兩部福音裡，此處是採用瑪竇福音，因爲這個版本的故事發生過程，較易了解，再者是從文學的角度來看，即使這則比喻沒有交代當時的生活環境，但它跟前後文的連貫較好。

「天國又如一個要遠行的人，將自己的僕人叫來，把財產托付給他們：按照他們的才能，一個給了五個『塔冷通』，一個給了兩個，一個給了一個；然後動身走了。那領了五個『塔冷通』的，立刻去用來營業，另外賺了五個。同樣，那領了兩個的，也賺了另外兩個。但是，那領了一個的，卻去掘開地，把主人的銀子藏了。過了多時，僕人的主人回來了，便與他們算賬。那領了五個『塔冷通』的上前來，呈上另外五個『塔冷通』說：主啊！你曾交給我五個『塔冷通，』看，我賺了另外五個『塔冷通。』主人對他說：好！善良忠信的僕人，你既在少許事上忠信，我必委派你管理許多大事：進入你主人的福樂罷！那領了兩個『塔冷通』的也前來說：主啊！你曾交給我兩個『塔冷通，』看，我賺了另外兩個『塔冷通。』主人對他說：好！善良忠信的僕人，你既在少許事上忠信，我必委派你管理許多大事：進入你主人的福樂罷！隨後，那領了一個『塔冷通』的也前來說：主啊！我原知道你是個刻薄的人，在你沒有下種的地方收割，在你沒有散布的地方聚斂。因為我害怕，所以我去把你的『塔冷通』藏在地下：看！你的仍還給你。主人回答說：可惡懶惰的僕人！你既知道：我在沒有下種的地方收割，在沒有散布的地方聚斂；那麼，你就該把我的銀子，交給錢莊裡的人，待我回來時，把我的連本帶利取回。所以，你們把這個『塔冷通』從他手中奪過來，給那有了十個『塔冷通』的，因為凡有的，

還要給他，叫他富裕；那沒有的連他所有的，也要由他手中奪去。至於這無用的僕人，你們把他丟在外面的黑暗中，在那裡必有哀號和切齒。」（瑪竇25：14～30）

這個主人很有錢，有太多太多的錢，他把百萬當成零錢一樣分配給僕人運用，假如我們能在他旁邊那該有多好！可是，在比喻中的第三個僕人並不這麼認爲，相反地他想著：主人雖然已經有那麼多的錢，但還會常常注意到哪邊能再攫取什麼。

總之，主人要分配他的錢給僕人管理，因爲他要出國了。再一次，我們提到了一個關於「不在」的比喻、關於「醒寤」的比喻。像是主人赴宴不在、僕人等候的比喻（請見八四頁），也像是等候新郎，準備和沒準備充分油料的十個童女（請見一○一頁）。後面這兩則比喻彼此光照、互相解釋。在還沒有等到主人回來、新郎來臨的「那時」前，應該醒寤。他們一樣不知道等候的人，什麼時候會到，開始算帳。但醒寤不代表可以打打牌避免睡覺，而是應該工作做準備，以幫助你結果實。

現在這則比喻中的主人，按每個僕人的能力分配錢，沒有命令也沒有指定或是暗示他們應該做些什麼，這點對了解比喻很重要，我們應該注意。主人給僕人們的錢是以「塔冷通」❶來計算。解釋「塔冷通」的書曾說到，「塔冷通」是當時流通貨幣中最高的單位，它是按重量來計算，而不是一般鑄造的幣值，通常就是銀子，除非有特別說它是金子。一個「塔冷通」等於六十個「米納」或是六千個「德納」，而一個「德納」也就相當於一天的工錢。所以，在這則比喻中以「塔冷通」來代表很多錢的意思。哇！這眞是一筆相當可觀的錢。一個「塔冷通」等於兩百個月的薪水，那麼，如果我們以今日最基本的工資一萬五來計算的話（很可能，當時的雇主也不會比今日更慷慨），應該就有卅百萬元了。主人共給僕人一千五百萬元，對他來說，給這些錢只是小事一樁，但對一般人卻是非同小可。你要有點知識和勇氣的話，這筆數目足夠你進股市操作一番了。第一個及第二個僕人就是如此，於是他們賺了錢，而且獲利都是百分之百，然而，第三個僕人卻不是這樣，他小心地保護它（他並沒有違背主人的命令）。

最後，主人回來算帳，作者瑪竇以同樣的言語描寫主人對第一個和第二個僕

❶塔冷通的希臘文是「talaton」，而拉丁文是「talentum」，正是英文「talent」（天分）的字源。

人的讚賞，字字相同，差別只在數字。這可能是因閃族文學慣用對仗的文字，也可能說明了一個更深的意義，重要的不是多或少而是比例的問題。每一個人按自己的能力徹底地實踐、百分之百發揮，包括主人所委託的錢。我們也看到主人似乎很了解自己的僕人，所以按每個人的能力分配得很恰當。

主人對前兩個僕人的回覆公平，給了完全一樣的報酬，因爲他犒賞的正是僕人所做的工作，而且主人還暗示未來會給予更大的責任，雖沒有講清楚是什麼，但這應是以後的事，現在只要慶祝，應該慶祝主人回來，僕人單單只要參與主人的宴會。經文內提到：進入你主人的福樂罷！雖然，也沒說明白什麼樣的福樂，不過應是個具體地慶祝，比方說，我們常提到的：宴會，尤其是末日的宴會。當然，這也可能表示，主人欣賞你、信任你，邀你分享主人的親密與計劃。

害怕來自不忠信

但第三個僕人得不到這一切。這僕人的害怕，很可能正是他自己的問題，也是他對主人不忠信的原因。他知道主人是個刻薄的人、是個不浪費錢的人，因此，他怕失去主人的錢。於是，一收到主人交付的錢，就開始想自己能做些什麼呢？買一塊田地嘛！可是，……如果遇到乾旱或是冰雹，或是蝗蟲來襲那可怎麼辦；拿來蓋房子好了。可是，……如果地震一來，或是營造公司偷工減料欺騙，那麼一下大雨，房子就倒了；那把錢投資在工業市場。可是，……如果遇到競爭對手開發更好的產品，使我們的產品一直滯銷無法賣出，那麼資金可是收不回來呢；啊！到股市投資。但，……你要知道現在情勢很不穩定，誰說得準呢？誰敢投錢下去呢？全世界的狀況都那麼不明朗；對了！把錢放在銀行裡最好、最安全了，……眞的嗎？今日的銀行眞的安全嗎？難道不用擔心銀行經營不善而倒閉，或是因著貨幣價值的波動，而造成投入的錢血本無歸嗎？想一想，每種方式，都帶著五個可能發生的問題、困難。

因此，第三個僕人什麼都沒做。主人責備第三個僕人懶惰，他連把錢帶到銀行都沒有。雖然，現今銀行給的利息並不高，但聊勝於無，總是有一些。「主人雖說這麼一點利息，他就會感到滿意，但這是他現在這樣說的，他在給我錢的時候，卻沒有這麼說啊！我怎麼能確定，他得到一點利息就滿意，乾脆我什麼都不做，是最保險了。」這是第三個僕人腦子裡裝的想法，似乎也是個關鍵因素，僕人自己說他怕。

我不認爲，主人責備第三個僕人的眞正用意是說僕人是個懶惰的人，這不是工作勤不勤奮的問題，反正把錢帶到銀行裡存起來，不會比掘地挖洞來存錢更費力或是困難，去銀行應是比較容易些。主人也說僕人可惡，這個說法比較可靠，因爲對主人來說，可惡的僕人也就是說沒有用的僕人。但無論用什麼言詞罵，僕人最大的問題就是害怕、恐懼。雖然，他沒說是害怕主人，那他還有誰可以怕的呢？因此我認爲，這就是僕人的不對和不忠信，僕人只認識主人的一部份：刻薄，而不承認或是不認識主人的另一面。他想說，他面對的是一個很會要求的主人，所以，最好的辦法就是不要給他生氣的機會。這種恐懼，使得第三個僕人什麼都不做。不是他自己的能力比較少，也不是他的錢比較少，也不是主人不那麼相信他，所以給他比較少的錢。不！他的問題是「怕」；他的問題是「不認識主人」、不相信主人會報酬的是努力而不是結果，這就是第三個僕人的問題，也就是他對主人的不忠信。所以，他聽不到主人對其他僕人的答覆：好！善良忠信的僕人。其實「忠信」就是指有信用，而要能有信用，必須先相信對方且先和對方講信用。

這些忠信的僕人就是如此先相信了主人，因此，他們是忠信的。

不斷祈求 不斷尋找

◆

慈父的心聆聽

◆

交情剛剛好的朋友

◆

找到的喜樂

◆

正義打哪來？

慈父的心聆聽

有句古老的話：虎毒不食子。近來社會虐童事件頻傳，這幾個字讀起來格外發人深省。

耶穌也打過幾個跟父親有關的比方，內容也說明了爲人父的，不可能作出危害子女的事。父親，原應是個模範。

我們在面對義務時可以盡本分，但這通常只是在一段特定的時間之內，可能是幾天、幾個禮拜，或許只是偶而盡盡義務就好。但當了父親，這個義務就是天天的事，每一星期七天，每天廿四小時，還要加班。他們日復一日的行動，正是楷模的所在。

「你們中間那有為父親的，兒子向他求餅，反而給他石頭呢？或是求魚，反將

蛇當魚給他呢？或者求雞蛋，反將蠍子給他呢？」（路加11：11～12）

「你們中間有那個人，兒子向他求餅，反而給他石頭呢？或者求魚，反而給他蛇呢？你們縱然不善，尚且知道把好的東西給你們的兒女，何況你們在天之父豈不更將好的賜與求他的人？」（瑪竇7：9～11）

沒有人會把蛇變成魚給孩子，若一個父親因家境困窘、無法給孩子期待的魚，而感到非常難過，那爲了儘可能滿足小孩的願望，他或許會想辦法用一點點麵包、再發揮極大的想像力安撫孩子。但一定不會去田裡抓一條蛇給他的兒子，好吧，即使眞的這樣做了，也不是直接給條危險、活生生的蛇（假如先把蛇皮脫去，再好好處理或許會有點像魚）。

比喻中雞蛋和毒蠍較難聯想在一起，或許是因小孩頭腦不清楚時，無法區別這兩者（無論如何，顏色非常不同，除非從耶穌時代到現在，雞蛋和毒蠍有很大的改變）。

餅（麵包）和石頭似乎比較恰當，顏色、外形甚至是軟硬度（麵包放久時，差不多會和石頭一樣硬）。魔鬼早就想過把石頭變成麵包來誘惑耶穌（很可能耶穌在曠野之中，除了石頭外，也沒什麼可改變的了）。和蛇、毒蝎比較起來，石頭較不是有害的東西，但若有人不小心的話，卻也能傷害孩子，使得小孩子因飢餓而咬了石頭的話，牙齒馬上碎裂。

爲什麼耶穌要用這個比方呢？有個簡單的例子，父親不聽兒子的要求。事實上，這在大部分的時候是對的，因爲很多父親常常不聽兒子的要求。

祈禱的問題也是如此，我們總感到天主不回答我們。在比方裡，耶穌的回答，並不是父親不理會兒子的要求，卻是以別的東西來回應，爲什麼耶穌用這種方式回答呢？父親只是爲了要找到簡單的出路嗎？

父親不給孩子壞東西。爲了懂這點，我們是否需要舉些比喻或例子？有可能發生的情形是，我們不願意打開父親送的禮物，我們一看到這個盒子的大小跟我們想像、期待的不同，便知道我們想要的不在盒子裡面，於是就不開了、把它放到一旁。我們需要有個鼓勵而讓人安心的聲音說：「無論如何，不會有壞東西，你打開吧！」讓我們瞧瞧祂給我們什麼禮物、看看這個禮物有什麼用。而慢慢地，也許我們會減低、送走怒氣，也忘了挫折。不只如此，可能過了一段時間，我們的確得到我們想要的，只是最初因爲外在樣式不一樣，讓我們沒能看出來。

當然，要了解這點，必須先肯定沒有任何父親會給他的孩子壞東西，還有，應該了解天主是父親。

交情剛剛好的朋友

朋友有很多種，有一輩子的朋友，也有短暫的朋友；有交情很久的朋友，也有交情很淺的朋友；有隨時可以得到幫助的朋友，也有酒肉朋友；有很親密而無話不說的朋友，也有永遠不會談親密事的朋友；有幫助你的朋友，也有求你幫助的朋友；有聖誕卡的朋友，也有連聖誕卡也不回覆的朋友，……等。而且重要的是，我們應了解每個朋友是屬於哪一種朋友，免得造成自己的挫折。我們應該知道，誰算是眞正的朋友，而誰又不算，才不會和這個比喻中的朋友一樣：

耶穌對他們說：「你們中間誰有一個朋友，半夜去他那裡，給他說：朋友，借給我三個餅罷！因為我的朋友行路到了我這裡，我沒有什麼可以款待他。那人從裡面回答說：不要煩擾我了！門已經關上，我的孩子們同我一起在床上，我不能起來給你。我告訴你們：他縱然不為了他是朋友的原故，而起來給他，也要因他恬不知恥地切求而起來，給他所需要的一切。」

（路加11：5～8）

「交情剛剛夠的朋友」，這似乎是比喻的對話和結論留給我們的印象，這兩個人之間，有某種友誼，因此清醒的朋友前往已入睡的朋友家那邊請求幫忙。但是，他們兩人之間的友誼，不是那種可以立刻答應幫忙的程度。的確，比喻的假定似乎是，到了最後，入睡的朋友會起來答覆，但他只是爲了避免麻煩，而不是因爲友誼。

但是，我們不該太快地就批評入睡的朋友，然後責罵他，太自私、太享受、只關心自己的舒服。我們不知道，他們之間的交情到達什麼程度，也不知道，這位要求幫忙的朋友，是不是那一種總是常常求人幫忙的人，好像他對朋友的定義，就是爲了要從他們那裡得到幫助。我們只知道，他們之間的友誼不是很深、也不是很親密。

另外，我們也要了解，當時平民的生活情況。我們雖然提到「家」或是「房屋」，其實我們腦中浮出的畫面，應該是個相當小的屋子，只能保護人躲避惡劣的氣候，避免風吹雨淋（感謝天主！好險，那裡的雨，下得不多）。它是爲了給人安全感，爲防止動物、小偷的入侵而已。而屋子裡只有一間房間，全家人在那裡坐著、吃飯、睡覺、……甚至很可能沒什麼家俱，只有一些動物的毛皮或是草席放在地上，讓人可以在上面吃飯、睡覺。沒有其他房間、沒有床鋪。

每個人有一張自己的床，是西方人近代才有的發明。按研究專家的說法，當時的房屋不是很大，還要給全家人睡覺的地方。我們不要忘了，當時一個家庭的成員可是比現在還要多得多。因此，爲了每個人都能睡覺，每個人都應該想辦法安排空間、好好地利用空間。

門的開關也不是那麼簡單的一件事，不是像現在，拿一個小鑰匙來開門就好，當時很可能是用木條當做門栓。因此，若要起來開門窗，幾乎就是叫屋內所有的人起床，而我們也都知道，如果小朋友在半夜醒來，會發生什麼事。別想把麵包從窗戶拿給需要的人，因爲那時的房屋沒有窗戶。而且給麵包前，還得先去到儲存麵包的地方，同時要小心不要踩踏到什麼人。

我們或許沒注意到，朋友要求的那三塊麵包，也許正是全家人所有的食物，或是明天一早的早餐。事實上，來尋求幫助的朋友，連三塊麵包也都沒有，因此

這朋友的要求，也不是我們聽了故事之後，立刻想到的那麼簡單。所以在這樣的情況之下，已入睡的朋友，他的答覆，也不是我們當下認爲的那麼自私。

我們講的這一切事情，都是假定比喻的背景是窮人的生活環境，這是太過頭的想像力嗎？假如有人家裡什麼都沒有，那麼他不是相當的貧窮嗎？假如一個人只敢要求三塊麵包，難道不是因爲，他已過慣貧窮的日子嗎？無論如何，耶穌本來是些什麼人的朋友呢？他認識的都是怎麼樣的房子呢？所以，我們剛剛提到有關房子的情況，正符合了耶穌所有的經驗，還有他講的比喻的背景環境。

不過，這一切的生活窘況，是不會阻礙一個眞正的、一輩子的朋友，那些無論你有任何需要，都爲你而在的朋友。因此，比喻中兩人之間的交情，似乎不到這種地步。兩人的友誼只是剛剛好，幾乎是不夠朋友。既然友誼不夠，那麼要了解比喻，可能需要別的理由。

這個理由就是，持續不斷地求。這個持續不斷地求，不只是個麻煩的聲音，不給人休息、睡覺的聲音。從當時村落的情況來看，房子和房子的距離很近，因此在任何的房子裡，都可以聽見外面發生了什麼事。所有的鄰居都可以聽到，某個人爲了要求麵包來到另一人的家，假如屋子裡的人不給或是動作太慢的話，那鄰居會問：屋子裡的人到底是怎麼樣的朋友呢？有他這樣子的朋友，那麼何必要有敵人呢？❶等等類似的說法，所以，社會壓力相當大。這位愛睡覺的朋友，會因此感到丟臉，因爲他沒有表現出好客，不只是他，連整個村莊的人都會覺得丟臉。因爲，招待客人是一件絕對而必須的事情，否則那尋求麵包的朋友會這麼想：這個村莊怎麼這樣，居然在半夜，找不到一個人可以借到麵包，幫忙招待從外地來的客人。大家都知道，屋子裡的人會有這種社會壓力，這也是耶穌在比喻裡要提的。沒有人敢不給，至少會怕社會的輿論壓力，因此，持續不斷地請求會得到效果。

這個比喻本來談論的是祈禱。比喻就是從人間的體驗出發，再進一步超越它。那麼這個剛剛好的朋友，都會因爲友誼和社會壓力而爬起來，即使是心不甘情不願地、帶點抱怨的給出麵包，那麼更何況是天父呢？祂會給人所祈求的。這樣子的主題，我們已經在前一篇關於父親的文章裡提過，只是現在已不是父對子的親情，而是朋友對朋友的情誼。從世上的父親到天上的父親，有很大的距離，從世上的朋友到天父，則是更大的距離。假如你的朋友會這麼做，那麼天父更會這麼做。

不過，這一件事情在世上要比較謹慎。有時你是眞的能夠持續不斷地得到你要求的、賺得你需要的幫忙、能克服朋友原先保留的態度，特別是本來交情不是很好的朋友。但也要小心，不要把繩子拉得太多、太緊，以免繩子斷掉。你持續不斷地要求，也要和你提出要求的對象有一對等的關係，否則可能會同時失去友誼也得不到所求，因此要知道我們自己的立場爲何，不要過份的要求，因爲有些的確是朋友沒錯，但不過是交情剛剛好的朋友。

所以，有一個天父，是很大的好處。

❶西班牙人的慣用語，帶點諷刺意味，意思是既然這個朋友這麼糟，那他就是敵人。

找到的喜樂

牧人找他們的羊

我小時候熟悉的風景裡，羊也在當中，綿羊總是棲息在山坡上，或是在收割後的麥草上吃草，不然就是在賣肉的地方出現，也就是說每天死去的綿羊，就成了鄉下肉品唯一的來源。同樣的，山羊對我而言也是很平常，雖然，在度暑假的那個鄉下，綿羊和山羊都有，但只有少數的人會有一群綿羊，頂多有一百隻綿羊，然而，幾乎每一戶人家，都會有一隻或兩隻山羊，有時候可能三到四隻。原因我不太清楚，大概是因爲飼養山羊可以擠羊奶，而飼養綿羊則是爲了用綿羊的毛或是肉作買賣，因此較少人有能力飼養。也因此，綿羊多半不會進入到村莊裡，牠們總是在村外的羊棧中，相反地，山羊在夏天的時候，每天都會各自回到主人的家中，日復一日，早上太陽高照時回來，而在下午太陽柔和時才出去吃草。當牠們在家的時候，人們就可以擠下牠們的奶。

當時小孩子的任務就是，在傍晚的時候爲放羊的人吹起號角（眞正的是用羊角），引導山羊跟隨著牧羊人，走到村外的山坡地；同樣的，隔天早上山羊回來時，小孩子要負責看緊山羊，避免牠們把家外邊種植的玫瑰花或是葡萄樹等較低、較嫩的枝條給吃掉。

另外，要稍微介紹一下和牧人有關的事。假如一個人有比較大的羊群，那麼他會請一個牧人，或是家裡要有一個人專門負責，不然就是得派一個傭人去放羊。但通常的狀況是，整個鄉村、城鎭只有一個牧人，放牧該地區每一戶人家的山羊，居民會共同選擇一位要價便宜合理的牧人，來擔任這個工作。

因此有件事，我實在滿驚訝的，其實也有點得意的偷笑。我在中學培育時，避暑的地方有片山坡地，有次，我一位同學看到羊群時，居然喊道：「快看！有這麼多的綿羊！」好像平生第一次看到「羊」，一個常常在我耳朵裡的字彙。

一到台灣，我也很訝異，中文裡竟然不太區分綿羊和山羊，甚至也不認爲兩者有什麼差別，但從我的經驗來說，這兩種動物的差別很大，可以很清楚地區

分。我講這一切是因爲，耶穌的經驗很可能就是如此，因爲他的兒童、少年、青年時期，就是生活在這樣的一個鄉下地方，和我認識的生活環境差不了太遠，因此先解釋一下鄉村生活，可讓我們更容易了解，爲什麼耶穌要用牧人和羊的比方。

接下來的兩則故事內容相仿，其實是同一個比喻，但有兩種不一樣的版本。要注意的是，雖然講的是同一個狀況，卻分指兩種不同的行動，我們先看《聖經》內容，之後再解釋兩者間的差別。

「你們以為如何？如果一個人有一百隻羊，其中一隻迷失了路，他豈不把那九十九隻留在山上，而去尋找那隻迷失了路的嗎？如果他幸運找著了，我實在告訴你們：他為這一隻，比為那九十九隻沒有迷路的，更覺歡喜；同樣，使這些小子中的一個喪亡，決不是你們在天之父的意願。」（瑪竇18：12～14）

瑪竇福音的作者，用整個第十八章的內容說明，教會該有的態度。這段牧羊人找羊的敘述也包含在當中。耶穌在比喻裡解釋說，相信他的人彼此間，該有怎麼樣的關係。首先是領導人有個義務，就是不要讓任何一個人喪亡，因此，強調的是「尋找」而不是「找到」。

我們不能強迫人找到，但是人有義務去尋找。這個訊息在經文中，至少在《聖經》原文中非常清楚。經文的最後一句話，也強烈地表達這種義務。而且特別強調了，無論你怎麼看人，即使是面對一個最小的人物時，你也該抱有這樣的態度。或許你有時會覺得，有些人一點也不重要，但在天上的父親面前，沒有一個人不重要。也許人們會做如此的分別：重要、不重要，但是天主不會這麼做。因此這麼好的思想，應該把它交給教會的領導人：沒有不重要的人，應該去找喪亡的人，應該去尋找迷失、四散的羊。並且，這樣做只是在盡本份而已，如同牧羊人尋找他的羊，或是羊的主人做了該做事一樣。

不過，這個比喻在路加福音裡就和瑪竇福音寫的不太一樣。路加福音強調的，不是針對教會的領導人，而是爲了回答法利塞人和經師們的質疑，所以我們在比喻之前，也要加上福音作者給的經文的架構。

眾稅吏及罪人們都來接近耶穌，為聽他講道。法利塞人及經師們竊竊私議說：「這個人交接罪人，又同他們吃飯。」耶穌遂對他們設了這個比喻說：「你們中間那個人有一百隻羊，遺失了其中的一隻，而不把這九十九隻丟在荒野，去尋覓那遺失的一隻，直到找著呢？待找著了，就喜歡的把牠放在自己的肩膀上，來到家中，請他的友好及鄰人來，給他們說：你們與我同樂罷！因為我那隻遺失了的羊，又找到了。我告訴你們：同樣，對於一個罪人悔改，在天上所有的歡樂，甚於對九十九個無須悔改的義人。」（路加福音15：1～7）

這一段的重點，不是在於尋找也不是找到，而是在於「找到的喜樂」。這段敘述是假定牧人會去尋找，而且肯定他會找到。在編寫路加福音時，這些內容早已有記載，因此不用懷疑牧人或是主人會找到那遺失的羊。到這裡有了新的思想，也正是路加福音要強調的「喜樂」，牧人對鄰居和朋友所講的喜樂還有慶祝，哪怕慶祝可能個相當簡單。最後，耶穌強調這喜樂是發生在天上的情況，因此我們不知道。這是他告訴我們的新啓示。

耶穌依靠人間的經驗，讓我們分享他自己在天堂的經驗。他在天堂的體驗是，有一個罪人悔改了、有一個離家的兒子回到了家（這個故事後面會提，請見二七四頁），他們會非常高興。好像這是一件很自然的事情，不需要多做解釋。

但可惜不是這樣子的。法利塞人和經師們不喜歡稅吏和罪人接近耶穌，或是不喜歡耶穌接近稅吏和罪人。有些人似乎老需要看到一些人是壞人，然後就可以覺得自己是個好人（事實上他們很可能不是個好人，才需要表現出自己是個好人，或是與眾不同），假如壞人已經悔改了，這麼一來，怎能看得出自己是個好人呢？或是，如果大家都一樣，那麼好人還有什麼意義呢？

所以，我們需要這個比喻，來幫助我們看出，重要的不是那些不需要悔改的九十九個，事實上，也不是那遺失後被找到的羊，重要的是「喜樂」，是那尋求而找到羊的喜樂。於是，耶穌邀請法利塞人和經師們在地上參加天上的喜樂。耶穌邀請他們不要再面帶愁容、或是帶著批判的心態，而要擁抱那些罪人，至少擁抱那些接近耶穌的罪人。

找錢的婦人

在上一段中，耶穌邀請的行動，似乎是件很不容易的事，至少耶穌和福音作者認爲不簡單。根據福音的敘述，耶穌花了兩天在講這個行動，也因此，除了找羊的比喻之外，又用了一個類似的比喻，重覆講這相同的行動：

「或者那個婦女，有十個『達瑪，』若遺失了一個『達瑪』，而不點上燈，打掃房屋，細心尋找，直到找著呢？待找著了，她就請女友及鄰人來說：『你們與我同樂罷！因為我失去的那個『達瑪』又找到了』我告訴你們：對於一個罪人悔改，在天主的使者，前也是這樣歡樂。」

（路加福音15：8～10）

在這裡我們不管「達瑪」到底是價值多少錢，不過如果有人好奇的話，那麼可以這麼換算一下，差不多是等於一個羅馬帝國的「德納」貨幣，也就是相當於一個工人一天的薪水。所以說這個婦女有十個「達瑪」，表示她的財產並不多，更何況才十個就掉了一個，更是不能放棄百份之十的財產。

因此婦女尋找遺失的那個銀幣是盡本分，再自然不過。或許爲了要尋找，如果需要開油燈的話，那就會點上燈；如果需要打掃的話，那麼也會打掃房屋，這樣子剛好一舉二得：找錢和打掃。而且，一定會找到，銀幣不像羊，它沒有腳是不會跑太遠的，無論它滾多遠，都不會離開屋子。我們西班牙有一句俗話是這麼說的：「除非小偷拿走，不然在角落的，一定會找到。」只要去尋找。

因此，人們一找到它，就會感到很快樂，想說：還好只是虛驚一場，還有，因爲不用再進行尋找的工作，也會感到開心。這種喜樂，是因爲找到了那很需要的、很寶貴的銀幣，這就是比喻要指出的喜樂，而且還說到，是在天上天主的天使們在歡樂，所以不只是天主內在的喜樂，也是一個分享、表達、慶祝的喜樂。

還可以注意到一件事，在這兩個比喻中，雖提到了悔改的罪人，但都不是在說明悔改。我們可以想想，羊也許能回來，因爲牠有腳，所以，如果牠認得路，就能夠回來。可是，這比喻裡的羊，似乎是不能自行回來，或是因爲受了傷、也許是因爲迷了路。但是，即使是羊回來了，我們也不能說是牠悔改了，因爲羊雖然有腳，可是牠沒有良心。更何況，這一隻羊回來，是因爲有牧人可以帶牠回來。然而，「達瑪」連回來的可能都沒有，雖然它可以滾動很久，可是，它不會離開屋子，相同的它也不可能會跑回錢包裡面。

悔改是善牧的功勞，不是羊的功勞。悔改是天主給的機會，我們只是被祂找到而已。這兩個比喻不是在說明悔改，而是在說明：尋求的行動。主人或是牧人當去找羊、或是婦人該去尋找銀幣。此外，這兩個比喻，也是很好的例子，幫助我們看出，人們誇大自己的重要性，總是說大話，以爲憑自己就能夠悔改。

正義打哪來？

這裡來了一個非常糟糕的傢伙，甚至可以說是「不正義的法官」。這相當矛盾，一個法官不就是個正義的代表，如果他不正義、不公平，那還有什麼話可說的呢？不如熄燈、關門，收工走人吧！沒什麼事可做的了，也沒有什麼社會正義可言，在這種情況下，法官當然不斷地瀆職，濫用職權不行使處罰。

我沒有過多的誇張，接下來的比喻裡，法官確實知道自己做的不對。老實說我不是法律專家，我不太能確定，這個法官在已知的事情上，沒給一個正義的審判，這是瀆職還是失職。我知道法律非常小心地分別這兩者之間在概念、詞彙上的差別。但無論如何，我們要談論的這個法官，是一個相當不受歡迎的人物，我們只要稍微注意一下比喻中的敘述就會明瞭了。

耶穌給他們設了一個比喻，論及人應當時常祈禱，不要灰心。他說：「某城中曾有一個判官不敬畏天主，也不敬重人。在那城中另有一個寡婦，常去見他說：請你制裁我的對頭，給我伸冤罷！他多時不肯；以後想道：我雖不敬畏天主，也不敬重人，祇因為這個寡婦常來煩擾我，我要給她伸冤，免得她不斷的來糾纏我。於是主說：你們聽聽這個不義的判官說的什麼！天主召選的人，日夜呼籲他，他豈能不給他們伸冤，而還延俯聽他們嗎？我告訴你們：他必要快快為他們伸冤，但是，人子來臨時，能在世上找到信德嗎？」（路加18：1～8）

我們已不再感到訝異，比喻中有些不受歡迎的人物，因爲連這些人物都會有一、兩分鐘做對些什麼好事。現在這個比喻中的法官也是如此，他爲了讓這個寡婦平安地去過她的日子，別再來叨擾他，所以履行原本他該做的事。但是，這並不是因爲他要伸張正義，他還是不在乎，可以說他根本不管公義。或許是寡婦的對頭曾對他施加壓力，不准他受理寡婦的案件。只是有一天，這個法官想到，受理寡婦提出來的伸冤案件，並不麻煩，但不處理這個案子的話，這個寡婦天天前來煩他，反而是更大的困擾，於是他才決定給予審判，做了對的決定與行動。

我們應該效法的並不是法官的態度或舉動，而是寡婦的精神：持續不斷地祈求，而不是法官的不正義。

因此，這個比喻和其他幾個談論祈求的比喻，彼此間有著關連，我們也可看出其中的脈絡：父親對兒子要求的答覆（請見二一四頁）、剛剛好夠朋友對半夜朋友前來請求麵包的回應（請見二一八頁）、法官對寡婦的反應。有趣的是，我們可以看到，這個情份是愈來愈低、愈來愈陌生的層面。不只是父親會聽從孩子們的要求，連不夠意思的朋友，也會按情況來答覆朋友，現在我們還看到一個更疏離的例子，那就是兩者之間非親非故，連個關係也沒有，而且在職業上有很大的差別，但最後法官也回應這個持續不斷祈求的陌生人。所以，天主不只是天主，也是父親、也是朋友，那麼比起這個法官，難道祂不是更會答覆持續不斷祈求的人嗎？連法官這個陌生人都會做的事，更何況是天主呢？好，我們不再進入「何況」的辯論之中了。

在這個比喻之中，耶穌還說了一個新論點，他的解釋是，天主不只會給祈求祂的人好東西，還要爲人民伸冤。這裡指的是有關「正義」的訊息，我們要討論的是：到底怎樣才算爲正義呢？一般而言，天主給人們，他們應該祈求的益處，稱爲「正義」。祂給你生命，也要給你生命的方法。祂創造我們做祂的子女，也許諾要以父親一般的態度來疼愛我們，因此，祂自然會給兒女所要求的。祂答覆許諾就如同還債似的，要給人們祂答應過且還欠下的許諾。當然這個說法，是從天主的立場來看的，而不是從我們的立場來說的。於是，既然祂許下承諾，那麼祂也知道祂本來該有的義務是什麼，也就是說，祂會給子女們永久的益處、會給這個應許（而不是給子女們在一時喜好的請求）。

我們也可從另一個角度來看「正義」。正義就是幫助我們脫離各種罪惡，尤其是倫理上的犯錯。正如天主經裡（主禱文）向天主的祈禱詞所說的：「不要讓我們陷於誘惑，但救我們免於兇惡。」祂命令我們這樣子祈求，是因爲祂許諾給我們這一點，不是說沒了誘惑，而是在誘惑中保護我們，保護我們免陷於兇惡。這就是對祂、對祂的子女而言的正義。

天國是打造出來的

◆

用盡一切

◆

加入酵母

◆

為了寶貝

用盡一切

有個做買賣的的商人，他誠實地尋找珍珠，也誠實地得到了它，哪怕爲了買這顆珍珠，賣掉了所有的一切。他並非用暴力取得珍珠，也不是暗中偷竊，更不是運用手段技巧，從珍珠原本的主人手中騙得。以商業道德來看，他的行爲足當模範，即使跟很多比喻中的人物比，也是如此：

「天國又好像一個尋找完美珍珠的商人；他一找到一顆寶貴的珍珠，就去，賣掉他所有的一切，買了它。」（瑪竇13：45～46）

這個故事幾乎是整部新約《聖經》中最簡單、最短的一個敘述，但它的確是個比喻，因爲當中有個人物，就是這位做買賣的商人，也描述了幾個行動：商人尋找、找到、賣掉。從這則比喻當中，可看到不同的狀況：一開始的時候，我們雖然不知道這個商人擁有東西是多少，但可以知道的是，到了最後，除了珍珠，他一無所有；他賣掉所有的一切，只爲了擁有一顆原本沒有的珍珠。雖然故事很簡短，但最重要的是人的行爲，因爲比喻就是針對人的行爲。

這一段比喻，不是要跟我們說，天主的國像珍珠一樣，非常有價值，也不是要說，天主的國很昂貴，如果是這樣的用意，那只是個道理、概念，而不是把焦點放在人的行爲。經文說：天主的國如同尋找珍珠的商人，這句話是個比方，重點是在人、還有他所做的事，而不是在於東西。因此它不是要跟我們說天國的價值，而是直接告訴我們，爲了要獲得天國，應該付出什麼行動。比喻透露清楚的訊息：爲了得到天主的國，應該放棄一切、賣掉一切、放棄應該放棄的。

事實上，比喻也明白點出，要在這樣子的行動中，天主的國才存在，即使它只給了鼓勵和肯定而沒提到這些行動是否容易。這就是「天主的國如同尋找珍珠的商人」。

或許要稍微說明，「天主的國」是什麼意思。有點可惜的是，有時《聖經》的翻譯常會造成混淆，或是無法表達清楚，總是譯爲天主的「國」或是「國度」，但這樣子的譯法，只呈現出靜態的樣子，幾乎是沒有任何生命力、死板的說法。也就因這個原故，比喻它是一顆珍珠，而珍珠是一靜態、無生命力的東西。但是，「天主的國」這個字眼，若能以動態的說法呈現更好，因爲，它不是一個地方、要讓我們能進去的地方，而是一個能接受的狀況。我們要是懂這個比喻，就不會定睛在珍珠，而是在人的行動。所以，當人承認天主爲王時、當這樣的狀況產生時，天主的國就存在當中。

聽起似乎是種臣服，但事實上卻讓我們自其他的臣服中解放。我們常會服膺一些價值，若那些價值成了絕對的標準，那就是種虛假，例如，名譽、金錢、權力、……等。讓這些成爲相對的價值，給人一個自由選擇的空間、使人能自由地成爲自己的主人。對我們而言，身處在忙碌的社會，這樣的狀況難能可貴。

對比喻中的商人、對任何願意進入這種境界的人，臣服於天主爲王，自有它的價值。應該要賣掉那些壓制我們、使我們無法前行的累贅；那些造成我們產生成見，而不能行動的包袱；那些約束我們的工具、使我們逃避自己的避難所。這個故事的商人，做的就是這些行動。

加入酵母

在我們聽到「酵母」這個字前，可能已吃了好幾年的麵包。沒有把酵母加入麵糰中，就沒有好吃的麵包。

「天國好像酵母，女人取來藏在三斗麵裡，直到全部發了酵。」（瑪竇13：33）

女人和麵糰的比喻也相當簡短，但不應該忘了當中的行動，而且就是因這個行動，改變了一個狀況。

現在，我們若想吃麵包，可有好幾種方法和選擇，還能看看帶有不同地方、國家特色的麵包。在某些地方，我們可以一大早到麵包店，買剛出爐還熱騰騰、很香脆的麵包，有些麵包店，甚至整天供應剛出爐的麵包。或者，我們也可到超級市場買，一次先買足一個星期要吃的份量，再放到冰箱保存，要吃再拿出來加熱。

但從前要吃麵包並不是這麼方便容易。我還記得小時到鄉下度暑假，看到每個家庭都要準備自己的麵包，作好麵糰之後，便拿到村子裡共用的爐子烘烤，一次要烤上自己家庭兩到三個星期需要吃的麵包。因爲跟村民一起生活，所以「酵母」這個字，我在上小學前便知道。

拿些麵粉再加上一定比例的水和些許鹽巴，接著就開始搓揉成麵糰、揉一陣子後，再加進一些酵母，然後就靜置一段時間，等到酵母完全發酵。在我們西方的生活中，因爲這樣子的步驟重覆了很多次，也可說是千千萬萬次，因此許多和酵母相關的成語便漸漸地出現、流傳起來。在耶穌的時代也是如此，我不知道耶穌生活的鄉下，是否也有一個共用的火爐，還是每個家庭自行想辦法，烘培需要的麵包，但無論如何，製作麵包的準備和步驟是一樣的。而且，按當時農業社會的工作分配來看，這應是女人的工作，也是一種家事。所以，婦女每天、每幾天，不斷重覆把一丁點的酵母放在麵糰中，雖然比起麵糰，酵母的份量只佔很小、很小的一部份，但婦女不會忘了這個動作。若是忘記了，便會發生很糟糕的

事，烤出一個很硬的麵包。眞發生這情形，恐怕有某個兒子會想說：父親不會給兒子石頭當做麵包（請見二一四頁），但是母親「會」。

只要在麵糰裡放入少量酵母，一件意想不到的事情，就會逐漸發生：全部的麵糰都開始發酵了。不過，麵糰發酵到底需要多少時間，事實上我不記得了，大概不會太久，但還是要等一會兒，這不是一件立刻發生的事。因此，我們再一次面對與種子比喻相同的問題：要怎麼看出耶穌的行動能改變世界呢？我們都比較喜歡那顯露於外、特殊的行動，而放一點酵母在麵糰中，並不算什麼特別的事，只不過是一件天天要做的事。但可能就是這個原因，我們很容易忘了，就像是看珍珠買賣的過程一樣，重要的是要開始一個行動。耶穌並不是要告訴我們，酵母的效果有多大，而是要說，需要行動、需要把酵母加到麵糰裡。

酵母確實有功用，但能否發揮，端賴一個條件，那就是得有人把它放入麵糰裡。假如把麵糰放在一邊、把酵母放另一邊，那麼什麼事也不會發生，無論等待多久，酵母都起不了任何作用，無論過了多少年，麵糰都不會發酵，反倒是老鼠先把麵糰吃了。

生活當中的事情也是如此，例如，你若希望家庭的氣氛好一點，你希望有更

多的溝通、能交換多點意見、有多些談話，你渴望有更多的機會彼此了解、關心，而且都有某種爲別人犧牲的態度，都能接受家中實際的狀況，而爲了讓這個家進步、往前邁進，大家都願意投入，那麼，你開始做，全家就會發酵。

這是一條好的道路，有這樣子的意願，表示你已經走在一條好的道路上，有很多人連想都沒有想過。但是，我們不能空等待，等這些事情自動發生，但這些事情永遠不會自動發生。你還記得酵母和麵糰嗎？是的，應該加入酵母，那麼請你把酵母放進麵糰裡面吧！你自己先當那個提供時間和微笑的人，你應當先表現出這樣子的關懷與熱情，也應該有所犧牲，如此一來，氣氛就會開始改善，我不是說馬上或是明天就會改善，但是，一定會改善的。

如同婦女放一點酵母在麵糰裡一樣，……。

爲了寶貝

「天國好像是藏在地裡的寶貝；人找到了，就把它藏起來，高興地去賣掉他所有的一切，買了那塊地。」

（瑪竇13：44）

聽起來這個找到寶貝的人，好像是個滿誠實的人。在找到寶貝後，他本來可以直接拿走，就不會有那麼多的麻煩，賣掉自己的一切，來買藏著寶貝的土地。如此一來，不但增加許多土地轉讓、煩雜的手續，而且還提高風險，假如在辦手續時，有人得知這塊土地的秘密，那他的計劃就不能成功了。不過，即使有些風險，他還是願意辦理轉讓的手續。但是，讓我們仔細想一想，這樣子的態度眞的對嗎？

只有這個人知道，寶貝藏在地裡的訊息。如果是做生意，這是一個獨家、極爲有利的消息，可以趁此大賺一筆。但要是很多人都得到這個資訊，使得買土地的人大排長龍，難道主人不會懷疑或是抬高價錢嗎？……不，沒人知道，只有此人能利用這個機會。然而他從哪裡得到寶貝的消息呢？其實，稍微想一下，便知道有幾個可能性，也許他從遙遠的地方，聽到了這個訊息，便趕快回來，然後也找到了；或許是這個消息大家早就聽過，但都不以爲意，只當是三姑六婆無聊的謠言。若再發揮些想像力，如電影裡海盜尋寶的情節，那我們會猜想，這個人已經收集到一張原本分散成三塊的藏寶地圖，於是他照著地圖的指示，看到了某一棵樹，然後往哪個方向走幾步路，就找到了寶貝。無論如何，都不太可能是他走著走著，突然間腳踢到尖尖的、小小的東西，再注意一看竟是個充滿金銀財寶的箱子。這種機率很低，他沒事爲什麼要走到別人家的土地上散步呢？

我們可以看到，這個人握有一個資訊，而他就是利用這個優勢，在沒有任何人知道，包括原有地主也不知道的情況下，得到了自己的好處。雖然，寶貝是他買來的，但他這個行爲，說穿了只是一種假善，他只是利用法律上合法的方法，來掩蓋他奪取寶貝的欺瞞，這很像現今商場上說的「洗錢」（白手套）。

這個案例拿到今日可視爲違法，而且地主若有一個好律師的話，就會控告他，利用特殊的管道、資訊獲取好處。一樣的情形，在目前也常會聽到，例如，有人因行政上的權力，而能掌握一些消息，像是有些土地的價值，會因興建重大工程而開始飆漲，得到消息的人，便可搶先在漲價前買下土地；相反地，也有些人能事先知道，政府將以低於市價的價格收購某些土地（我們都知道，政府有權按法律上的價格，來收購土地）地價將會下滑，因此趕快把手上的土地賣掉。有些人能得到內線消息，知道哪家公司將要增資，於是趕緊買些股票；反過來，也有人能事先知道某家公司將要被收購、未來股價會下跌，於是快快將股票賣掉。但利用內線消息來買賣股票，皆是違法、犯罪的行為。

在比喻故事中找到寶貝的人，就是掌握這種優勢且隱藏了寶貝，然後去買藏著寶貝的土地。如此看來，他有比今日的洗錢手法好到哪裡去嗎？至少從倫理上的判斷來看，看不出有什麼差別，可以說沒什麼兩樣。說到這些，是要提醒讀者，這個找到寶貝的人，不能算做誠實，也就是說他的行動，不算是個君子的作法，他算不上是個好人。

但是，比喻的重點不在這裡，它邀請我們的是，找到寶貝的喜樂還有這個人的行動，為了買這塊土地、為了獲得寶貝，他賣掉了所有的一切。比喻邀請我們，效法他徹底的決心，不只是意願、準備，更是他的行動、全然的準備與犧牲。當人爲了寶貝這麼投入時，也就凸顯寶貝本身具有的價值，這正是耶穌要強調的，從這方面來看，我們知道找到寶貝的這個人，和珍珠買賣的商人一樣，完全投入、犧牲一切。然而，他們的差別在於買賣珍珠的商人是公開的買，而找到寶貝的人是買塊土地，可以說他暗地裡取得寶貝。雖然他找到寶貝的決心、行動值得學習，但是他取得的方式卻會成爲履歷表上永遠的污點。不過人的身上總是好壞參半，縱使有不對的地方，就像這個買地取寶貝的人並不誠實，也仍有可當人模範的行動。

付出和寬恕的標準

◆

公平嗎？

◆

世上和天上的不同

◆

是父親寬恕還是浪子回頭？

公平嗎？

有一次，老師在課堂上講了一位唐先生的故事：

幾年以前，在我任教的大學後面，政府新開了一條筆直寬廣的馬路，是條具有六線車道的雙向道路，這還不包括路肩和人行道，中間還有分隔島和行道樹。原本四周都是稻田，但這條大馬路通車後情況便迅速改變了。幾個月之後，路兩旁滿是建築物，或是臨時搭建的鐵皮屋。唐先生在當中也有幾棟房子，他準備開間餐廳，而且這間餐廳的規模足以容納幾百個人的光臨。他將餐廳命名為「北蓮餐館」，因為算命師說，這個名字的筆劃相當符合這塊地的風水，可以幫助餐館生意興隆、財源廣進。

雖如此，唐先生意識到一個危機是，另有些人也在附近開始搭建類似要當餐

廳的房子，這景況讓他很憂慮。他因而決定要比其他人更早開始營業，以在時間上搶得先機，哪怕只是早了幾天。他使出渾身解數，儘可能快速地辦理相關手續、馬不停蹄地工作著。最後，開業的時間訂在七月七日晚上七點鐘，因為算命師一再強調，這是最近日子的吉時。雖然，唐先生認為時間非常緊迫，但為了要領先其他餐廳，他決定要更快馬加鞭地趕工。不巧的是，七月二日來了一個颱風，颳斷了電線，連帶影響電路，而屋頂的幾個瓦片也被吹落下來，散了一地，連門口精心的雕飾也被吹壞，更嚴重的是門前的庭園造景，已是面目全非。

整理、恢復一切所需要的花費，對唐先生來說不成問題，但麻煩的是剩餘的時間不夠重整屋子毀壞的部分。然而，邀請卡都已經寄發了，受邀的人包括市長、一些民意代表和兩三個縣議員，甚至縣長據說可能也會到。這之外還邀請了餐廳附近的幾間工廠、公司的總經理（為的是他們一定會有機會為公司舉行一些聯歡盛會或是年度尾牙的活動），還有附近大學的校長和行政主管（因為他們或許可以推薦這家餐廳，做為舉行學校的年度活動，迎新、送舊、謝師宴或是系所的各項活動場地）。所以，更改日期勢必造成他們對餐館留下不好的印象，這也是相當棘手的事。為了能在七月七日晚上七點準時開幕，唐先生別無選擇，只能日以繼夜不斷地工作，想辦法完成一切的準備。

七月六日的傍晚，唐先生巡視餐廳一切是否就緒。廚房沒問題，他鬆了一口氣；外場也沒有問題：桌椅、餐具、玻璃杯，以及放置筷子的筷架一應俱全；而冷氣和廣播系統（為了播放音樂，或是有需要的時候可以打點廣告）也都裝置妥當，並且，餐座間的間隔也都順利完成了，只是牆面有些地方因著安置桌椅、燈柱留下一些瑕疵，需要修補一下。但是也別高興得太早，雖然餐廳的內部井然有序，但餐廳的外頭就相當糟糕了，下午的一場大雷雨，弄得大門口的玻璃窗很髒，還黏著些散落的葉片，花盆裡的花也被雨打得七零八落，拱門也是倒的，還有電線、門外的裝飾燈全都亂七八糟，最慘的是，園中的造景，竹橋、流水……等也尚待重整。

唐先生那天晚上並沒睡好，老實說他根本整夜都未闔眼，只是在等白日的來臨而已。果然凌晨五點鐘一到，他已穿好了工作服，開著他的貨車前往台北橋。他聽說那邊是許多臨時工的聚集處，他想跟那裡的人商量，用兩千元的工資請他們到餐廳工作一天。那些工人一聽到他開的價碼，頓時瞪大眼睛，唐先生一問：「誰願意來？」他們立刻同聲地回答：「我！」這樣子的音量使附近地區還在睡覺的人都醒了過來。工人間交頭接耳地說著：「這樣子的機會不多，應該好好地把握才是。」於是，一批人馬立即隨唐先生回到餐館，六點鐘就開始工作了，而且，他們工作得很賣力，也很有效率。

多次找工人

可是，唐先生很快地又感到人手不足，於是他在九點鐘時又回到了台北橋，再度尋找臨時工。不過，這次他不必多說些什麼，就有另一批人跟著他到餐館工作，因為當天清早就降臨的工作機會，工人之間早有耳聞。這之後，唐先生繼續巡視餐廳各處，但心裡仍很矛盾，一方面很高興看到進度逐漸完成，但每一次看也都發現新的工作要做，例如前一天的大雨，在停車場留下幾灘污水或是污泥需要清除，免得某個總經理或是縣長真的來了，不小心踩到就大事不妙了。一想到縣長踩到爛泥巴這樣子尷尬的畫面，唐先生心裡就很害怕，害怕到放下吃午飯的碗筷，馬上從椅子上跳下來，開著貨車火速又前往台北橋。雖然過了中午，他找到的臨時工並不多，但一想到多少是有幫助的，就多了一絲安心。

不過，需要清理的地方似乎不斷冒出，唐先生才回到餐館沒一會兒，又發現之前沒人注意的人行道也需要打掃，還有，水溝堵住不通，甚至發出一陣陣的臭味，而一旁的道路邊，在車子駛離後，也留下了一塊、一塊待掃的路面。因此，下午三點鐘，唐先生又到了台北橋再找臨時工，人數一樣不多，但這些人可能是早上去做過其他工作回來，打算若能再找些工作更是不錯，他們也可能是到處尋找工作，卻沒有找到機會而回來的人。

等到招募完畢，一群人要從台北橋出發到餐館時，路上開始塞車，到達餐館時已是下午五點鐘。幸好，在這麼多人的趕工努力之下，最後終於看見了成果。唐先生在下午六點鐘做了最後的巡視，肯定、滿意地說一切都就緒了，包括那為了趕走霉運、帶來好運，可以表達歡慶、喜悅的鞭炮，還有那些要給各個重要來賓剪綵的紅緞帶和五把剪刀，另外，又準備了較漂亮的一套，給那傳言中會蒞臨現場的縣長剪綵用。唐先生只有一分鐘的空檔可以休息，他眼睛看了一下四周，輕鬆緩緩地呼吸著，剩下一秒鐘的時間，他召來餐廳財務長，向他說：「我要回家洗個澡、換個衣服，你照著我跟你說過的，發錢給今天的臨時工。」然後，他就開了貨車走了。

先來與後到

唐先生離開後，財務長開始發工資，而且是從最後一批進來的工作人員開始發放。這些工人各拿到一個紅包袋，一打開裡面是兩千元。

有的人說：「老闆一定是瘋了。」

有的人說：「不，他一定是太高興了，因為一切都已完工、各就定位了。」說完後，他們彼此相互擁抱。另外的一些人在拿到豐厚的薪水後，納悶著到底是為什麼呢？

看到這種情形，最先到餐館工作的工人，等在後面排隊時也開始竊竊私語。

有一個人說：「你看到了沒？老闆本來非常擔心一切是否順利完成，現在一切都弄好了，所以他高興得很。」

另一個人說：「你看，他給這些來工作一小時的人，每個人薪水兩千元，那麼，我們的薪水應該會比他們多一倍才對。」

又一個人說：「不，『四』不是一個好的數字，我想我們應該有五千元才對。」

又一個人說：「搞不好是六仟元，因為『六六大順』，『六』才是個好的數字。」

最後，終於輪到他們領薪水了。但他們一收到紅包時，摸一摸似乎不夠厚，心裡一冷，再打開一看，也是兩千元。他們於是問財務長說：「這是什麼意思啊？」財務長則以冷淡而平靜地態度說：「工資。」另一個人又問：「你有沒有搞錯啊？你算錯了吧！」財務長還是淡淡地說：「沒有。」又一個顯然火氣更大的工人質問：「這怎麼可能？你給我們的薪資，是和最後來做一個小時的人一樣多。難道，你們沒有看見我們工作了十二個小時那麼久嗎？」

所有一大早就到了餐館工作的人，眼裡充滿了忿怒，他們不願意離開，還吵鬧個不停，甚至吵到連警察都前來調解，要求他們離開。警察不希望用武力驅散工人，因為他們也希望自己能以乾淨、整齊的服裝來面對鏡頭、拍照。但是，心有不滿的工人還是不斷地抱怨、辯論。就在一堆人吵成一團時，唐先生開著新型的日產轎車回到了餐館，耳邊傳來：「這是不對的，不公平！不正義！」唐先生一聽到就回答說：「對！不公平，給工作十二個鐘頭和給工作一個鐘頭的人一樣的薪水是不公平的。」「可是，」唐先生向那高喊不正義的人說：「你說的不對，我沒有不正義。我今天早上不是和你約定兩千元做為一天的工資嗎？那你收到了多少錢？本來我也可以和你約定六百元做一天。這按法律來看，也是不成問題的。還是，你認為我不能在我喜慶的日子上，用我自己的錢發紅包呢！」這時，謠傳會出席的縣長真的到了，唐先生馬上轉身熱情地前往迎接，他在與縣長握手致意的同時，對面的人行道上，還是有一些工人忿忿不平地自言自語著，或是三三兩兩地辯論著。

故事結束了，台下的學生恍然大悟，因爲這個故事彷若一個他們耳熟能詳的比喻，而且在聽了唐先生的故事之後，終於懂了原本耶穌講的那個比喻。不過老師還是解釋了一下，這個故事完全是他自己虛構的，並沒有一位叫唐先生的人物，也沒有一個「北蓮餐館」。

這是一個很難懂也很難接受的比喻：

「天國好像一個家主，清晨出去為自己的葡萄園僱工人。他與工人議定一天一個『德納』，就派他們到葡萄園裡去了。約在第三時辰，又出去，看見另有些人在街上閒立著，就對他們說：你們也到我的葡萄園裡去吧！凡照公義該給的，我必給你們。他們就去了。約在第六和第九時辰，他又出去，也照樣作了。約在第十一時辰，他又出去，看見還有些人站在那裡，就對他們說：為什麼你們站在這裡整天閒著？他們對他說：因為沒有人僱我們。他給他們說：你們也到我的葡萄園裡去罷！到了晚上，葡萄園的主人對他的管事人說：你叫工人來，分給他們工資，由最後的開始，直到最先的。那些約在第十一時辰來的人，每人領了一個『德納』。那些最先僱的前來，心想自己必會多領，但他們也只領了一個『德納』。他們一領了，就抱怨家主，說：這些最後僱的人，不過工作了一個時辰，而你竟把他們與我們這整天受苦受熱的，同等看待。他答覆其中的一個說：朋友！我並沒有虧負你，你不是和我議定了一個『德納』嗎？拿你的走罷！我願意給這最後來的和給你的一樣。難道不許我拿我所有的財物，行我所願意的嗎？或是因為我好，你就眼紅嗎？」

（瑪竇福音20：1～15）

學生後來會懂，是因爲他們沒有認出唐先生的故事，原來是指向這樣子的一個比喻，老師講得活像是一個眞實發生的故事一樣，還提到了一些特別的細節，讓學生能客觀地面對這個故事。

先入爲主，常使我們不懂比喻的內涵，如果一開始就知道要講哪個比喻，我們反而很難聽進比喻眞正要表達的事情，因爲福音裡比喻的內容，我們很可能已背得滾瓜爛熟了，所以我們只想聽到自己想聽的比喻。而且爲了避免比喻會帶來要求或是挑戰，我們也用相同的方法，來保護自己既有的觀點或是解釋，但如果稍微改變一下故事的情節，就可以不著痕跡地讓人放下戒心，而不去注意故事會防礙到自己的權利，如此一來，才能客觀地肯定唐先生講得對，而不再否認他的公義。

比喻能不能發揮影響力，就在於聽者能不能進入故事的情節之中，和一早到餐館工地的人一起生氣、一起吶喊不公平到喉嚨失聲，可是，等到老闆對我們說明他的立場時，這整天或是一肚子的怒氣可能就立即消散、就會發現唐先生沒錯，老闆的立場和說明是對的。假如是這樣子的話，那麼，爲什麼我們一開始不能懂得這件事呢?在此提一個笑話，來使我們體會一下箇中原因：

媽媽給了小強一塊蛋糕說：「小強，拿這塊蛋糕，……」小強還沒聽完媽媽的話，馬上就搶著說：「那麼小喔！」媽媽繼續說完她的話：「拿這塊蛋糕給妹妹。」於是，小強立刻又改說：「那麼大喔！」

我們習慣有限的物質環境，也非常了解該如何善用有限的財產。蛋糕是一個有具體大小、明顯有限的東西，假如另一個人，不論是不是我們的兄弟姊妹，得到比較大的那塊的話，那麼剩下來比較小的那一塊就是我的。所以，我們總是下意識要保護「我的」或是「能是我的」的東西，如果這些東西損失或是減少的話，馬上強烈地的反彈。

公平與正義的分別

人們總把「公平」當作最高的理想，於是認爲，應該非常清楚地劃分每個人應得的範圍，而且是一公克也不能多，非常強調公平。所以，如果工作一個鐘頭，則應該得到「一」；如果工作十二個鐘頭，那麼應該得到「一」乘十二。用數字可以說是相當清楚、客觀。

可是，「正義」沒有別的嗎？只單單有「公平」可講嗎？沒有比較好的方法發工資、分蛋糕的嗎？例如，最後到達餐館、只工作一個鐘頭的工人，他們是不是也需要一整天的工資維生呢？或是你認爲他們每天只會餓一個鐘頭。或者他們沒有家庭呢？他們的家庭有沒有需要呢？因此，「正義」應該超越冷漠的數字或是清楚的分配。當然，我不是說老闆要肩負這樣的責任，因爲這將會造成他很大的負擔。

正義是看一切、看全面，而不僅是公不公平。還好整個社會是比較多元的，可以超越這種有限或是貧乏，而不只停留在「公平」的層面上。例如以往的鄉村生活，有互助社、農會，或是以不同的稅務政策來幫助個人和家庭的生活，現在更是有來自非營利性質的社會福利機構或是非政府組織，甚至來自那些營利機構（比方說保險公司）的關懷，這一切都足以幫助我們接受我們和他人「所有的」。但是，還是應該要注意一開始的反應——蛋糕、蛋糕，別人在吃我的蛋糕。

沒錯，當老闆的也應該要注意到有限而有一定大小的「蛋糕」，免得被員工給吃掉。所以，在地上的確少有故事中唐先生這樣子的老闆，這件事情在地上是幾乎不會發生的。

另外還有一點，雖然看起來不那麼地明顯。這是在《創世紀》中早已給我們訂下的一個原則：必須日日勞苦、汗流滿面依靠自己的能力，才得以吃飯。我們從一開始就深受這個原則的影響，因此，我們認爲工作一個鐘頭而得到十二個鐘頭的工資是不對的，即使我們內心暗自喜歡這樣，但還是認爲不應該。如此一來，我們又回到了那個窠臼，只看自己工作的成果，而不去想這工作的機會是某某人給的禮物。

所以，這裡談的是一個更好的訊息，講的是「天主的國」、「天主爲王」。我們根本沒什麼辦法可以得到天主的報酬，不論是做再多的工作，不管是工作十二個小時，或是十三個小時也好，都是無法以數字來計量的。在此，我們需要另一個原則：白白給的禮物。天主給予人們祂的國、祂的友誼，並與祂同在，接受祂的欣賞，這是天主給的禮物，白白給的，而不是薪水，同時，得到的是祂慈善的給予，而不是我們工作的報酬。

幸好。

在地上不會發生的事

有些比喻，可以說是在講論那讓人不可想像或是無法相信的故事。我們一聽到這種故事，一定會說：這是在地上不可能會發生的事。所以，也就是因這個緣故，我把這些難以想像的比喻放在最後再來談論。比起其他比喻，這些比喻不只有不同的發展與主題，而且都是長篇的內容，在面對問題時也有不同的解決之道。

除此之外，這些比喻的敘述超過人能相信的範圍，因此非常具有啓示的價值。因為「天主為王」的深度，將比我們在一開始「一切都從撒種開始」的體會更為深刻。這些比喻會帶給我們嶄新的立場，使我們感到驚訝：原來有這樣子的事。對！我們根本無法想像這些比喻，因為這不是我們的經驗。讀者應該還記得在種子的比喻中，我們已經開始提到一些在地上幾乎見不到的事情：那結出一百顆子粒的麥穗。因為如果真的在地上發生了，那想必是在「好萊塢」的情節（雖然他們不太重視農業發展）。這些比喻很幫助、又很適合讓人體會到「天主的國」新穎的特質。

但「天主的國」是人所從來沒見過的事，如果要進一步地說明，那麼它有一個特點是唯有以人際關係才足以表達的，那就是「慷慨」。不只是結果實的慷慨，如種子的比喻提到的，而是態度上的慷慨。在「付出和寬恕的標準」這一章裡，我們提到三個故事，都是讓人不敢置信的慷慨：一個主人、一個國王、一位父親。人間不可能發生類似他們的「慷慨」，這並不符合任何人的經驗，從來沒有人看過這樣子的主人、這樣子的國王、這樣子的父親。沒有人在地上有見過這樣子的事發生，也沒有人講過那麼誇張的比喻。我們從開始就一直強調，為了讓比喻發揮效果，重要的就是要有類似的經驗，可是在這一章當中的比喻，是沒有任何人有過的經驗。不過，講比喻的人是耶穌，他會知道為什麼。

地上和天上的不同

這個故事是在談論對借款者的寬免，而且是一筆相當大的金額，大到什麼地步呢！需要是個國王才有的財力，所以，一個普通的唐先生是不足夠的，但或許「王」先生就可以。

比喻要談的是關於「債務」的問題：一筆小小的錢和一筆非常大的、不可想像的債務，但兩個債主對此卻有截然不同的態度。我聽說，假如你欠銀行一百萬，那麼，銀行會掌握你的一切，但如果你欠銀行十億元，卻是你掌握銀行的生存。我不是個財經專家，不確定這是不是眞的，也從來沒有欠銀行錢，因爲他們從來沒給我錢過。我想我聽說的事，可能是假如你欠銀行的錢不多，那麼，銀行會逼迫你還錢，即使他們沒辦法收回全額的債務，不過這對他們並不是太大的問題，反正他們可以有些呆帳沖銷的處理。但是，假如你欠的錢太多，那麼，銀行只好想辦法讓你繼續營業、生產，如此，他們才有希望你能還他們某部份的錢。但我還是不懂，怎麼會有人可以欠銀行這麼多的錢呢？大概這是銀行行政上的問題了，他們需要澄清一下誰應該負責任，或者是需要檢調單位的調查。總之，這一番言談只是爲了幫助我們進入以下的比喻而已：

那時，伯多祿前來對耶穌說：「主啊！若我的弟兄得罪了我，我該寬恕他多少次？直到七次嗎？」耶穌對他說：「我不對你說：直到七次，而是到七十個七次。為此天國好比一個君王，要同他的僕人算賬。他開始算賬的時候，給他送來一個欠他一萬『塔冷通』的，因他沒有可還的，主人就下令，要他把自己和妻子兒女，以及他所有的一切，都變賣來還債。那僕人就俯伏在地叩拜他說：主啊！容忍我吧！一切我都要還給你。那僕人的主人就動心把他釋放了，並且也赦免了他的債。那僕人正出去時，遇見一個欠他一百『德納』的同伴，他就抓住他，扼住他的喉嚨說：還你欠的債！他的同伴就俯伏在地哀求他說：容忍我吧！我必還給你。可是他不願意，且把他下在監裡，直到他還清了欠債。他的同伴見到所發生的事，非常悲憤，遂去把所發生的一切告訴了主人。於是主人把那僕人叫來，對他說：惡僕！因為你哀求了我，我赦免了你那一切的債；難道你不該憐憫你的同伴，如同我憐憫了你一樣嗎！他的主人大怒，遂把他交給刑役，直到他還清所欠的一切。如果你們不各自從心裡寬恕自己的弟兄，我的天父也要這樣對待你們。」

（瑪竇福音18：21～35）

在耶穌告訴伯多祿的故事裡，有許多我們不太能夠明瞭的看法，例如我們沒辦法接受，國王居然可以下令賣掉僕人的太太和孩子們，以償還僕人的債務。今日已經是夫妻財產分制，也沒什麼父債子還的責任了。不過在那時，妻子、孩子等等都是屬於家長的財產，因此他們如同物品般，是可以被處理的財產。同樣地，我們也很難想像可以賣掉僕人，以今天來說，假如僕人犯法，頂多是把他關入監獄。但在那時，債務是使人成爲奴隸很普遍的理由，尤其在以色列，奴隸的產生並不是因爲戰爭的緣故，而是因爲債務。賣掉僕人所有的一切，我們還比較能理解，今日的法官也會拍賣欠債者所有的財產，以抵償他的債務。

還有一點讓人感到困惑，比喻最後一個段落說，把僕人交給差役一直到他還完錢爲止，我以爲不管如何拷問、拷打一個沒錢的人，他還是沒有錢可以還，更何況他欠下那麼大的一筆數目。而且，國王不是先寬免了他嗎？那怎麼又交給差役把他關起來呢？因爲當時債主所給的寬免權，只是暫時的，但不表示未來不會再追討。

經文中，債主的身份到底是誰，也讓人搞不清楚。開始的時候說是國王，可是之後又稱爲主人，而且他算帳的對象是僕人也不是屬下。總之，上下文有點不太一致，如果關係清楚的話，那麼應該是一個國王和他的屬下，或是一個主人和他的僕人。這與其他幾個比喻一樣，有些前後不一的敘述。也許一開始的時候提到國王，是爲了表示要收回的欠款是一大筆的金額，只有國王的財力才借得起。也或許是因爲，這裡要講的是「天主的國」，因此這樣子的陳述幾乎不是一個比喻，而像是楷模人物故事，是爲了傳達一個訊息，特別是包含宗教層次的訊息。

一半是，一半不是

無論如何，這個比喻要向我們講論在天國的情境是怎麼樣，而在地上又會是如何，還有這兩個層面的關係，所以這個故事或許還可有個標題：一半是，一半不是。比喻的前半部，就是不會發生在世上的事，提到的是「天主的國」，與天主的關係：對天主的債務是無法償還的。雖然人會得罪天主，但能否得到天主的寬恕，就不是由人來決定的。就連在人間，這種寬恕也相當不容易，就像故事最後的結局一樣。

我們先來了解人與天主的關係爲何：天主是人的創造者，人欠天主一切，包括生命，還有使人成爲人的一切。人的生命能持續，全然是依靠著天主。很多人寧願不理會這件事，認爲這是件太抽象的事，而且對人的發展也沒有任何的幫助等等好聽的理由。但是，事實確實如此，人不能有更好的解釋。有誰能質疑這件事呢？或許當他不願去思考，也不接受生命的主導權不掌握在自己的手裡時，他已罹患了癌症，又有誰能保證三天後，不會遭逢意外的死亡車禍，還是誰能決定他何時、何地，在哪一戶人家出生呢？我們所有的一切都是被賜予的。

可是，我們仍敢得罪那賜予我們一切的天主，因爲我們不願意承認、感謝，一切完全來自祂。這種態度不算得罪祂嗎？還有很多的行爲也是。那麼，如果我們得罪了我們生命的主宰者，那還有什麼解決的辦法呢？沒有。或是我們要和比喻中的僕人一樣回答說：「容忍我吧！我必還給你。」這不是很可笑的答案嗎？

僕人在借錢的時候，沒有辦法賺到更多錢，那麼現在沒錢的時候能賺到什麼錢呢？僕人這樣回答，不等於在污辱主人的智慧嗎？難道他以爲主人會笨到，不知道要他還錢是件不可能的事嗎？這樣子的回答與保證，不是癈話嗎？這就像我們因爲自己的罪而與天主有了一個無限的債務，我們欠了祂一筆非常大、還不起的債務。

就在這個時候，在世上不可能發生的事發生了：債主全然地寬免僕人的債務。寬免一切，沒有任何的要求。他寬免的理由只是因爲他願意，他認爲這樣子好，也不需要僕人的任何解釋。福音中說：主人憐憫僕人，把他釋放了，也赦免了他一切的債務。這事在地上不會發生，怎麼會有人，對這麼大筆的數目那麼慷慨。在世上不會有人欠下這麼一大筆債務，也沒有人能夠如此的慷慨。這樣子的慷慨是「天主的國」，在世上沒有這樣子慷慨的主人，不過，在天上，有。因爲在天上有一位不把自己當作主人、而是當作父親的天主。

但是進入到比喻的後半段，那就是會在世上發生的事：那個僕人遇到欠他錢的同伴，那個欠了他大概相當三個半月薪水的人。對沒有任何一點錢的人來說，這筆錢可以算是一筆數字，不過對那個剛剛得到寬免的僕人欠下的錢比較起來，

不是太可笑了嗎？我們原本以爲，故事的情節應該是：「那剛剛獲得寬免的僕人非常高興，他興奮到連每個毛細孔都在跳動著，一遇到那欠他錢的同伴就抱住他，快樂地親吻他的脖子，並且說：你趕快忘記欠我的那點小錢，不用再跟我提起這件事了。」這是我們本來猜想的情節，不過事實上卻不是如此：僕人一遇到那欠他錢的同伴，滿臉的不高興，全身緊繃，沒錯，他是緊緊地捉住他的同伴，不過，不是爲了慶祝他的喜樂，而是爲了強迫對方償付欠款。

這事多麼令人難以想像啊！但是，它每天發生著。我們是多難寬恕別人啊！不論他欠我多少，我們總是用一些讓人聽了糢糊的話：這不是多少的問題，而是尊嚴的問題，他應該償還。總之，我們是多難寬恕別人啊！

這些事發生在世上。可惜。

是父親寬恕還是浪子回頭？

我們來到了最後一個故事，這個比喻是一個眾所皆知的故事，普遍到什麼地步呢？連我學中文的課本裡，也有這麼一個故事。普遍到會在很多著名的雕塑家、繪畫家、作家等等他們的作品中出現，也會出現在很多的俗語或是表達的語彙裡，這些都是從原文中衍生的題材，例如「浪子回頭」表達了放蕩的人最後的悔改，即使這個概念與福音眞正想傳達的，並沒什麼關係。

這個比喻的運氣相當不好。平常我們就稱這個故事「浪子的比喻」，有個父親有兩個的兒子，小兒子要父親分家產，拿了他自己的一份以後便遠走他鄉、揮霍度日，一直到窮困潦倒時才想到回家，而他的父親開心地接納了他，辦了一個盛大的慶祝。雖然「浪子回頭」這個說法也沒錯，因爲故事裡小兒子的特質確實是個浪子，快速浪費、花光所有的金錢。但除了這一點，這個標題無法顯出比喻原本的重點，因爲故事裡的幾個主要人物，小兒子幾乎是最不重要的角色，也是最不能提醒我們什麼的人物，就連故事裡的「肥牛犢」都比他重要，因爲在經文中總共提到了三次。我們只能夠說，並不是每一個比喻的標題都能與內容相符。此外，就是因爲故事有名，反而更添了風險：沒有人眞正懂它，也就是說，每個人都照自己想的版本，包括自己添加的細節去懂它，這麼一來就失掉、忽略其他重要的細節。

眾稅吏及罪人們都來接近耶穌，為聽他講道。法利塞人及經師們竊竊私議說：「這個人交接罪人，又同他們吃飯。」……耶穌又說「一個人有兩個兒子，那小的向父親說：父親，請把我應得的一份家產給我罷！父親遂把產業給他們分開了。過了不多幾天，小兒子把所有的一切都收拾起來，就往遠方去了。他在那裡荒淫度日，耗費他的資財。當他把所有的都揮霍盡了以後，那地方正遇著大荒年，他便開始窮困起來。他去投靠一個當地的居民；那人打發他到自己的莊田上去放豬。他恨不能拿豬吃的豆莢來果腹，可是沒有人給他。他反躬自問：我父親有多少傭工，都口糧豐盛，我在這裡反要餓死！我要起身到我父親那裡去，並且要給他說：父親！我得罪了天，也得罪了你。我不配再稱作你的兒子，把我當作你的一個傭工罷！他便起身到他父親那裡去了。他離得還遠的時候，他父親就看見了他，他動了憐憫的心，跑上前去，撲到他的脖子上，熱情地親吻他。兒子向他說：父親，我得罪了天，也得罪了你，我不配再稱作你的兒子了！父親卻吩咐自己的僕人說：你們快拿出上等的袍子來給他穿上，把戒指戴在他手上，給他腳上穿上鞋，再把那隻肥牛犢牽來宰了，我們應吃喝歡宴，因為我這個兒子是死而復生，失而復得了；他們就歡宴起來，那時，他的長子正在田地裡，當他回來快到家的時候，聽見有奏樂及歌舞的歡聲，遂叫一個僕人過來，問他這是什麼事。僕人向他說：你弟弟回來了，你父親因為見他無恙歸來，便為他宰了那隻肥牛犢。長子就生氣不肯進去，他父親遂出來勸解他。他回答父親說：你看，這些年來我服事你，從未違背過你的命令，而你從未給過我一隻小山羊，讓我同我的朋友歡宴；但你這兒子同娼妓們耗盡了你的財產，他一回來，你倒為他宰了那隻肥牛犢。父親給他說：孩子！你常同我在一起，凡我所有的，都是你的；只因為你這個弟弟死而復生，失而復得，應當歡宴喜樂！」

（路加福音15：1～2、11～32）

從很多方面來看，這個比喻都是顆明亮的珍珠。假若從文學的角度來看，整個故事的情節十分濃縮，這則比喻暗示的行動足以發揮成一齣可供表演的戲劇，像是在「愛人與盡義務」裡慈善撒瑪黎雅人的故事一樣。可惜！可惜！眞可惜。但還是可以肯定，這個比喻具有戲劇化的張力、效果。例如：

序　幕：小兒子要求分家產，然後，父親分給他。

第一幕：小兒子的揮霍、浪費，然後缺錢、肚子就餓了，最後失去尊嚴。

第二幕：回家的旅途，以及父親的接納。

第三幕：快樂的慶祝場景、大兒子的怒氣，以及父親與大兒子的對話。最後第三幕的結尾是父親一個人進入到家裡，外面是一片漆黑。

結　語：與父親對完話的大兒子，最後到底怎麼做呢！這讓撰寫劇本者自由發揮：有可能是大兒子低頭回家，也有可能是在外頭四處遊走，帶著想念的心或是憤怒，無論如何，自己發揮。

由此看來，經文的內容已提供了這齣戲劇的結構，而撰寫劇本的人，需要做的只是添上對話內容而已。一齣完整的戲劇內容，本來需要兩個鐘頭的表演時間，而這個比喻只用了廿二節的文字敘述，那可見這篇故事相當的濃縮。我們若是加以注意的話，其中的每個段落，都可以發揮成好幾個章節的篇幅。

這故事的另一個價值，就在於故事中的人物，也是縮減到只剩必需要有的人物而已，原來它也可以出現一群小兒子的酒肉朋友、煙花女子，以及有錢人、僕人們等等，不過，他們都沒有任何的台詞，最多是那一位不得不說話的僕人，因爲他必須回答大兒子的問話。

作者的目的就在於不讓讀者、聽者分心，而且在故事末尾留白，像是沒有結束。雖然我剛剛在戲劇的流程加上了結語，但是在經文裡卻是什麼都沒提，添上結語，只是爲了讓撰寫劇本的人或是讀者自己，選擇大兒子的反應爲何。不過，經文的結尾沒講什麼話，但戲劇的效果反而更大，因爲沒有人知道大兒子到底有沒有進到家裡。

還可強調的是，經文中運用的間接描述方式，能幫助我們研究故事人物的內心態度。小兒子向父親要求分家產的時候，父親二話不說，分家，就是了。這樣子的沈默正好和小兒子分家後的大吃大喝成了對比。等到小兒子回家後，父親也沒多說什麼，單單地只用表情來表達內心所有的情感，他不是用空話對待孩子的需要，而是以實際的命令（命令僕人爲小兒子的一切動作）傳達關懷。

大兒子呢！一直到小兒子回到家後，他也是一句話都不說。弟弟回到家時他不在，而他在得知弟弟回家時，也不願意進到家裡，這是非常明顯的決定與行動。作者讓我們聽到大兒子內心的想法，那是在他回答父親的談話時，才把這麼多年來，在心中的累積的情緒全宣洩出來。兩個兄弟之間可以用食糧來做爲對比，一個欣賞肥牛犢，另一個則缺乏小山羊，而父親的答覆也很經典，只有一句話並且是整個故事的最後一句話：孩子！你常同我在一起，凡我所有的，都是你的；只因為你這個弟弟死而復生，失而復得，應當歡宴喜樂！

接著，焦點轉至當時父親爲小兒子準備的盛宴。要注意大兒子的用詞：你那個兒子，改變爲：你這個弟弟。此時，並沒有多餘的敘述，指出父親對大兒子的教訓，例如：你不要這樣子，爲什麼你要讓我們難過呢？我們現在正在慶祝你弟弟回家，你爲什麼要掃大家的興呢？父親有的只是兩句話，兩個肯定，一句針對大兒子，一句針對小兒子。假如大兒子願意，就讓他進到家中，他已經長大了、能夠對自己的決定負責，接著就是個不像結束的結束。

聽眾還想知道，到底大兒子會怎麼做嗎？或是，心中冒出一句話：你還在等什麼，現在你要做個決定。因爲比喻就是要求聽眾做個決定，不過，我們也不用管兩千年前的聽眾（法利塞人）做了什麼決定，重要的是我們現在願意接受罪人做我們的兄弟嗎？還是我們寧願讓罪人單獨的在天堂呢？他們已經在那了，我們要不要進去呢？

我剛剛提到了天堂，因爲這個比喻充滿了宗教信仰的氛圍，比起其他的比喻更是明顯，因此我們無法避免這樣子的解釋，而且也無需迴避。

如果把這個故事當作是悔改的模範，便會造成我們對它的誤解。總之，悔改的模範在比喻中，一定不是最重要的。這個比喻和「找到的喜樂」一文中亡羊的比喻和失錢婦女的比喻是三個平行的論述，不過，羊和銅幣不能悔改。而且，在這個父親和浪子的比喻裡，我也看不到悔改的態度。小兒子犯了罪向父親說：我得罪了天主，也得罪了你。作者讓我們得知小兒子是怎麼想的、怎麼說的，可是，小兒子並沒有表現什麼悔改的態度，他回來只是因爲沒有食糧、因爲他餓了。他不是因爲這幾年來，讓自己的哥哥承擔一切的工作而感到羞愧，也不是因爲離開家讓父親難過或者自己放蕩的生活使父親蒙羞，而感到後悔。

沒有。甚至是連對家的思念也沒有，也不懷念任何過去在家中的一切。餓！他回家是因爲餓！他沒辦法得到的「大豆」，以及父親的僕人擁有的麵包。他決定回家，純粹是因爲頭腦指示他得回家，但不是因著「心」的引領，而是「胃」帶來的驅動力。他沒有任何的心痛，有的只是胃痛吧。有下等痛悔，但沒有眞正的痛悔。所以，不是一個悔改的模範，雖然，他回家了。

大兒子也差不了多少，他也待在家外。雖不常這樣，可是還在外面；很近，可是還是在外面。每天都回來，沒錯，因爲每天都出去。當然是爲了去工作，不過，還是離開家。最後，在比喻的結尾時，是大兒子在家外，而小兒子已經在家裡面了。假如我們把這些當作宗教的語言來說明，那麼他沒有很大的罪，只是一些小小的灰塵、樹脂、污漬、糠秕等等，和之前我們看過的法利塞人一樣，同樣地，大兒子和法利塞人的態度也是一樣：不需要悔改。至少對自己的過失，他連想都沒有想到。

大兒子也跟小兒子一樣被動，都是因爲食糧的原故才有行動、情緒。大兒子的憤怒表現在食糧的對比上：給別人的食糧是「肥牛犢」（讓人很難想像的是「肥牛犢」，居然出現了三次，好像是整個宴會的主角一樣。）大兒子抱怨的是肥牛

犢，因爲弟弟而給殺掉了。我們可以回想一下，之前在「公平嗎？」的文章裡「蛋糕」的例子，大兒子好像認爲父親給了弟弟肥牛犢，那麼自己那份就沒有了。他雖然沒有吃到肥牛犢，卻像是被噎住一樣的緊張。還有，他從沒得過的小山羊，簡直不能和肥牛犢相比，更何況他服務了那麼多年，卻連一隻小山羊也沒有。這麼一來，大兒子也出現了「餓」，因爲沒有獲得的「餓」。但是，這個「餓」讓小兒子回到了家，而這個「餓」卻讓大兒子不進入家。

他們兩個人的狀況，可以從言語中看出。小兒子回來，因爲他希望做個僕人，他回來並不是打算恢復兒子的身份和地位還有和父親的關係，他明顯地放棄這樣子的關係：我不配成爲你的兒子。於是，他沒有回到家，他只是回到僕人的屋舍而已，是個在家之外的地方，只不過是個有食糧的距離。小兒子想說：父親！把我當做一個僕人就好。這樣的話，父親的身份與關係，馬上降低成老闆。

不過，大兒子還更壞。他住在家，不是！他在家過夜，但心不住在家裡。他在發洩心中所有的怒氣時，說得很清楚：你看，這些年來我服事你。（這裡文字的翻譯，按原文更尖銳：我這麼多年來，為你做奴隸。）不只是措辭強烈，大兒子整個態度也是如此：跟朋友慶祝時，他連一次也不敢拿隻小山羊。大兒子責怪父親沒給他小山羊，但是他有沒有向父親要求呢？或是應該問，有這個需要提出要求嗎？所以，父親很驚訝大兒子的抱怨而回答說：我的一切，不都是你的嗎？大兒子怎麼會如此抱怨呢？因爲這幾年來，大兒子滿腦子想的都是：所有一切都是主人的，而不是他的，他不能碰，他應該要尊重，他只能夠照顧、工作。那麼，父親的身份更是降低了，大兒子只是把父親看做是主人一樣。

於是，父親的概念完全不在這兩個兒子的思想之中，一個把父親當做給食糧的老闆，一個把父親看做是奴役自己的主人，這就是他們的狀況，也是他們的罪，也是事件發生的原因。所以，不管距離爲何，誰遠誰近，重點、悲慘的狀況是，他們都在家外。於是，他們不知道，也或許是不敢或是不管，他們有一個父親：一個照顧他們、關心他們的父親；一個會走到路上四處張望，萬一兒子回來的父親；一個會到家門口勸勉兒子的父親；一個會爲回來的兒子，準備盛宴的父親；一個希望大家都高興地接受盛宴的父親。

我們需要再一次的強調，家中唯一一個在家裡的，也是眞正住在家裡的是父親，而兒子們都失去對家的肯定：何必要有個家呢！那麼，雖然父親在家，但如果沒有體認到父親的話，兒子們當然會尋求家以外的朋友：例如小兒子的酒肉朋

友、妓女朋友，或是大兒子較好的朋友，而且慶祝一定是要在家外舉辦，不論是很遠或是很近，只要父親不在就好。

當然啦！沒有父親的概念，也就不會有兄弟之情啦！那麼，任何兄弟的概念也只是口號而已，喊一喊的。不過，這裡連喊口號也省了。小兒子回家，提到了父親的名字，雖然他說出這個稱呼，但馬上就否定它（我不配），不過還是提出來了。但是，關於兄弟呢！他半句話也沒有提到：哥哥還好嗎？還活著嗎？結婚了嗎？小兒子根本不管這些問題。他就是很忙，忙著要求離家很近的僕人屋舍，離家很近，那麼，以後他工作就不需要搭電車了。

而大兒子則是具體而明顯地否認他們的兄弟關係，他只提到回到家的那一位、被接受的那一位，他不說「我的弟弟」，而是說「你那個兒子」。大兒子給父親權力做他願意做的，包括承認那某某某當做兒子，可是他不願意參與盛宴。他不說也不會說：「我的」弟弟，而且用行動表示他不願意和弟弟坐在同一張桌子上，他也不會進入有弟弟在的房子裡，對他來說這是很清楚的一件事。當然啦！他沒認出父親，怎麼會承認兄弟呢！

接著我們應該強調，在這個比喻中，能修好這種情況是因爲父親的主動。沒錯，小兒子是回來了，不過，他不打算回家，只是他在走向僕人的屋舍時，父親先出現，迎接他回家，在小兒子還沒有說任何話之前，馬上擁抱、親吻他。在小兒子還沒說話前，父親已經把他當兒子看待了。而小兒子因爲回來之前已經下了決定，因而沒有體會父親的心思，一見到面就對父親開始講了他之前所準備的小演講。不過，父親不給他結束的機會，打斷了他的講詞，父親不接受兒子要成爲僕人，父親把兒子當做兒子，馬上命令僕人準備一切，好像兒子已經答應了父親給的機會似的。我們無從得知到底是不是這樣，我們想，大概小兒子會接受，但作者沒給我們清楚的描述，因爲這個不重要。對作者而言，重要的是父親的態度。於是，我們需要很多很多的時間才能眞正的懂，而且體會這一點，我們每一個人和小兒子一樣需要時間。

大兒子更需要時間。父親勸勉、迎接大兒子，重新告訴他：凡我所有的一切都屬於你。這點你好像不夠清楚，我再說：你不是奴隸，你是一切東西的主人，因爲你是兒子，因爲你是我的兒子，我不必給你什麼，因爲一切都是你的。那麼，修復了父子關係之後，該把兄弟之間的關係給重建了。這是兩個兒子都不願意提的「兄弟」，父親說：你是他的哥哥，因爲他是你的弟弟。假如兄弟不是兄弟的話，父親不能做爲父親，假如兄弟不是兄弟的話。父親不能輪流一下是這個人的父親，一下是那個人的父親，或是一段時間是你的父親，而另一段時間是他的父親。父親不能坐在兩個兒子分坐得很遠的桌子、彼此間不講一句話的桌子。

雖然，在桌子上有隻小山羊，或者甚至是有隻肥牛犢。

國家圖書館出版品預行編目資料

耶穌的生命智慧／穆宏志博士（Jesús M. Muñoz, Ph.D.）著 --初版, --
臺北市：啓示出版：家庭傳媒城邦分公司發行，2005[民94]
面； 公分 --（Talent ； 8）
ISBN 986-7470-17-6（平裝）
1.聖經 - 專題研究
241.68 94018688

Talent 008

耶穌的生命智慧

書 名／耶穌的生命智慧
作 者／穆宏志博士（Jesús M. Muñoz, Ph.D.）
副總編輯／徐仲秋
責任編輯／顧景怡
業務副理／羅越華

發 行 人／何飛鵬
法律顧問／中天國際法律事務所
出 版／啓示出版
台北市104民生東路2段141號5樓
電話：(02) 2500-2633 傳真：(02) 2502-7676
讀者服務e-mail ： ap_service@hmg.com.tw
發 行／英屬蓋曼群島商家庭傳媒股份有限公司城邦分公司
連絡地址：台北市104中山區民生東路2段141號2樓
讀者服務專線： 0800-020-299
服務時間：週一至週五9:30~12:00 ； 13:30~17:30
24小時傳眞服務：(02) 25170999
讀者服務信箱e-mail ： cs@cite.com.tw
劃撥帳號／19833503
戶名：英屬蓋曼群島商家庭傳媒股份有限公司城邦分公司
香港發行所／城邦（香港）出版集團有限公司
香港灣仔軒尼詩道235號3樓
電話：(852) 25086231 傳眞：(852) 25789337
馬新發行所／城邦（馬新）出版集團 Cite(M)Sdn.Bhd.(458372U)
11, Jalan 30D/146, Desa Tasik, Sungai Besi,
57000 Kuala Lumpur, Malaysia
電話：(603) 9056-3833 傳眞：(603) 9056-2833
e-mail ： citecite @ streamyx.com

插畫暨封面設計／徐翠婷
版型設計暨排版／許瓊禧
作者肖像畫／黃于珊
印 刷／韋懋實業股份有限公司

■2002年10月11日初版
■2012年08月07日初版5刷
Printed in Taiwan

售價／240元